Heriburg Laarmann
Annemarie Wolff
Das große Buch der Krippenspiele

Heriburg Laarmann
Annemarie Wolf

Das große Buch der Krippenspiele

Herder
Freiburg · Basel · Wien

Umschlaggestaltung: Finken & Bumiller, Stuttgart
Umschlagbild und Zeichnungen: Monika Ottinger
Herstellung: Clausen u. Bosse, Leck
Gedruckt auf umweltfreundlichem, chlorfrei gebleichtem Papier
ISBN 3-451-26415-3

Inhalt

Vorwort

Alles, was mir in dieser Welt begegnet und was sich ereignet, erzählt mir von Gott, wenn ich mich mit offenen Sinnen darauf einlasse. Zeichen und Symbole wie Nacht, Stern, Engel, Tannengrün, Krippe und Kind wollen mir eine göttliche Botschaft erschließen. Im Zentrum der Kindheitserzählungen Jesu, die der Evangelist Lukas gesammelt und überliefert hat, steht das kleine, hilflose Kind in der Krippe, das von den Hirten in Bethlehem gefunden wird. Angesichts des in Windeln gewickelten Säuglings in der Krippe öffnet der Himmel seinen Glanz und verkündet den Menschen Frieden, Heil und neues Leben. Gott wird Mensch. Zu finden ist er in unserer Welt im schwachen, hilflosen Kind, das an den Rand gedrängt wird und nur noch Platz findet im Futtertrog der Tiere. Das ist das Symbol unseres Gottes seit jener Nacht in Bethlehem. In Armut, Schwäche, Hilflosigkeit, da, wo niemand es vermutet, ist er zu finden, der geringste unter den Menschen (vgl. Mt 25,40). Diese Zeichen gehören seit Weihnachten nicht mehr der Nacht und dem Tod an, sondern sind durchdrungen von dem Licht, das wahres Leben schenkt. Da, wo Gott klein, schwach und ausgesetzt erscheint, öffnet sich der Himmel, wird Gottes Licht und Nähe in Not und Dunkelheit erfahren. Im Stern, der über Bethlehem aufgestrahlt ist, erfahren Hirten und Weise aus dem Morgenland, daß Gott in Jesus erschienen ist und der Welt Licht, Frieden, Heil und neues Leben schenkt.

In Kindergärten und Schulen, in Gruppen und Vereinen, in Fabriken und Krankenhäusern, in Seniorenclubs und Altenheimen, in Gemeindesälen, Kirchen und Pfarrzentren und an vielen anderen Orten werden Weihnachtsfeiern mit viel Liebe und Engagement, mit Musik, Liedern, Spiel, Licht und Geschenken vorbereitet und gestaltet.

In den Wochen des Advents sind mir viele Menschen begegnet, die auf der Suche nach geeigneten Erzählungen oder Krippenspielen waren. In Erzählungen, Spielen, Liedern, Bildern, Krippendarstellungen versuchen sie das weihnachtliche Geschehen durch Wort und Tat zu verkünden und in die heutige Zeit zu übersetzen. Kinder und Jugendliche, aber auch Erwachsene lassen sich gerne in das alte, vertraute Weihnachtsereignis hineinziehen.

Zu dieser Sammlung

Aus der Fülle von Krippenspielen verschiedener Art sind hier einige Weihnachts-, Hirten- und Dreikönigsspiele zusammengetragen.

Durch diese Zusammenstellung soll den Suchenden eine praktische Hilfe in die Hand gegeben werden. Manche Spiele werden schon bekannt sein, andere aber neu. Wer schon Erfahrungen mit Krippenspielen gesammelt hat, wird sich eine eigene Sammlung solcher Spiele angelegt haben. Dennoch wird diese Sammlung in Buchform für viele eine hilfreiche Ergänzung sein. Viele dieser Spiele sind ursprünglich für den Familiengottesdienst am Heilig-Abend oder in der Weihnachtszeit entstanden. Sie können aber gut bei Weihnachtsfeiern an anderen Orten eingesetzt werden. Die dort angegebenen Lieder können leicht durch weihnachtliche Instrumentalstücke oder andere Weihnachtslieder ersetzt werden. Gut ist es auch, nach dem Spiel die weihnachtliche Botschaft durch entsprechende Instrumentalmusik oder durch einen Sternen- oder Lichtertanz meditativ ausklingen zu lassen. In der tanzenden Bewegung mit Licht, Stern, Rose oder anderen Weihnachtszeichen, kann deutlich werden, daß wir uns von dieser Licht- und Friedensbotschaft des Weihnachtsfestes neu miteinander und zueinander in Bewegung bringen lassen.

Um auf die Vielfalt der Möglichkeiten hinzuweisen, finden Sie im Anhang ein Stabpuppenspiel und ein Kartontheater.

Manche Spiele sind kurz und können ohne große Vorbereitung als Lesespiel eingesetzt werden. Das soll der Fantasie und Kreativität der Mitspielenden aber keine Grenzen setzen. Ich habe erlebt, daß Kinder sehr erfinderisch sind, und diese Gabe sollten wir dankbar aufgreifen.

An einigen Stellen wird darauf hingewiesen, daß die Spieler und Spielerinnen allen ein kleines Geschenk als Zeichen ihrer Weihnachtsfreude mitgeben sollen. Es ist sinnvoll, schon vor dem Spiel viele Kinder und Erwachsene aktiv einzubeziehen und über das Spiel hinaus Zeichen zu setzen, die an die Verkündigung der Weihnachtsbotschaft dieses Jahres erinnern.

I Weihnachtsspiele

»Die Menschenliebe in Person«

PERSONEN:	Leiter(in), Engel, Erzähler(in), 11 Kinder
SPIELALTER:	8-12 Jahre
VORZUBEREITEN:	kahler Baum, trockene Zweige, blühende Zweige für alle

LIED:	»Kündet allen in der Not«
1. KIND:	*Schaut auf den kahlen Baum*
2. KIND:	Was machst du denn da?
1. KIND:	Ich schaue mir den kahlen Baum an.
2. KIND:	Hast du am Heiligen Abend nichts Besseres zu tun? Freust du dich nicht auf die Geschenke, die du bekommst?
1. KIND:	Doch, ich freue mich über die schönen Geschenke. Aber denk doch mal nach: Alle Menschen beschenken sich zu Weihnachten. Und doch ist die Welt so kahl und kalt und dunkel.
2. KIND:	Träumst du?
1. KIND:	Ja, ich habe einen Traum: Die toten Zweige an dem toten Baum werden für mich lebendig. *Schaut auf die Kinder, die mit kahlen Zweigen näherkommen.*
3. KIND:	*mit einem dürren Zweig* Mein Vater ist arbeitslos. Er ist fast immer traurig. Und manchmal weint er.
4. KIND:	*mit einem dürren Zweig* Bei uns streiten sich die Eltern fast jeden Tag. Ich habe Angst, daß sie sich scheiden lassen.
5. KIND:	*mit einem dürren Zweig* Ich mag mich selbst nicht mehr. Überall habe ich Mißerfolg. Keiner hat mich lieb.
6. KIND:	*mit einem dürren Zweig*

Ich bin Pedro aus Brasilien.
Bei uns sterben jeden Tag Kinder, weil sie nichts zu essen haben.

7. KIND: *mit einem dürren Zweig*
Ich bin Mehmed aus Libanon.
Bei uns wird dauernd geschossen.
Und die Bomben fallen!

8. KIND: *mit einem dürren Zweig*
Ich bin Ali aus der Türkei.
Die deutschen Kinder sagen zu mir:
du Knoblauchfresser.

9. KIND: *mit einem dürren Zweig*
Ich heiße Thomas.
Ich habe Angst.
Die Erwachsenen reden soviel von Raketen,
Krieg und Umweltzerstörung.
Ich fürchte mich.

LEITER(IN): In dieser Nacht, liebe Freunde und Freundinnen, ist die Blüte aufgesprungen, die alle eure toten Bäume und Zweige zum Blühen bringt.
Auf den Feldern Bethlehems ist sie aufgesprungen, diese wundervolle Blüte, mitten unter den Ärmsten der Armen. Da, wo alles ohne Hoffnung zu sein scheint, da wird sie uns geschenkt, die rettende Blüte.
(Intonation: »Es ist ein Ros entsprungen«
währenddessen spricht der Erzähler):

ERZÄHLER(IN): Ja, mitten im kalten Winter,
mitten in dunkler Nacht,
bringt die Erde ihre schönste Blüte hervor,
eine duftende Blüte,
eine kostbare Blüte,
eine geheimnisvolle Blüte,
eine rettende Blüte,
eine zarte Blüte, eine Knospe,
ein Kind.

Dieses Kind ist ein Geschenk,
ein Geheimnis, eine Hoffnung,
ein Glück, ein Wunder.
Diese wunderbare Blüte ist erblüht
auf den Feldern Bethlehems,
als der Himmel die Erde berührte.
Diese rettende Blüte wurde uns geschenkt,
als der Traum der Menschheit sich erfüllte
und Gott zu uns kam in einem Kind, in Jesus.

LIED: »Es ist ein Ros entsprungen«, *3. Strophe*

10. KIND: Wie ist das gewesen, als Jesus zur Welt kam?
Wir möchten es wissen, berichtet uns doch!

ERZÄHLER(IN): Damals herrschte der Kaiser Augustus in Rom.
Er war der mächtigste Mann der Welt.
Er brauchte viel Geld.
Er gab darum den Befehl, jedermann müsse sich in Steuerlisten eintragen lassen.
Jeder an seinem Geburtsort.
So ging auch Josef von Nazareth hinauf zur Stadt des Königs David, nach Bethlehem, weil er aus der Familie des Königs David stammte, um sich mit Maria, seiner Frau, eintragen zu lassen.
Maria erwartete ein Kind.
Als sie in Bethlehem waren, kam das Kind zur Welt.
Maria gebar ihren Sohn, den Erstgeborenen, wickelte ihn in Windeln und legte ihn in eine Krippe, weil in der Herberge kein Platz für sie war.

LIED: »Uns wird erzählt von Jesus Christ«, *1. Strophe*

ERZÄHLER(IN): Hirten waren bei den Schafen auf der Wiese.
Sie hörten als erste die Nachricht:
Christus ist geboren, der Retter ist da.
Da sagten sie zueinander:
Wir gehen nach Bethlehem, sofort,
mitten in der Nacht.
Wir wollen sehen, was geschehen ist.

Wir wollen sehen, was Gott uns geschenkt hat.
Und sie eilten nach Bethlehem.
Sie fanden Maria und Josef.
Sie fanden das Kind in der Krippe.

LIED: »Uns wird erzählt ...«, 3. Strophe

ERZÄHLER(IN): Und als die Hirten gesehen hatten was geschehen war,
da sagten sie es überall weiter:
»Jesus ist geboren, der Heiland ist da,
der Retter der Welt. Gott ist zu uns gekommen,
nun wird alles gut.
Wir dürfen wieder Hoffnung haben,
denn Gott schenkt Frieden und Freude
mit diesem Kind.«

LIED: »Uns wird erzählt ...«, *5. Strophe*

11. KIND: Auch wir wollen erzählen:
Der Herr ist geboren, der Retter ist da!
In den toten Baum wird die Vase mit den blühenden Zweigen gestellt.
Der Engel, gibt den Kindern mit den dürren Zweigen einen blühenden Zweig in die Hand.

ENGEL (ZUM 3. KIND):
Schenk deinem arbeitslosen Vater
den blühenden Zweig!
Weihnachten ist das Fest der neuen Hoffnung!
Sage zu ihm:
Du kannst nichts dafür.
Vielleicht bekommst du eine neue Stelle.
Und wenn nicht:
Auch ohne Arbeit kann das Leben sinnvoll sein.

ENGEL (ZUM 4. KIND):
Deinen Eltern, die sich immer streiten,
sollst du den blühenden Zweig schenken.
Sag zu ihnen:
Sprecht euch aus und versöhnt euch.
Und zerteilt mich nicht!

ENGEL (ZUM 5. KIND):

Hier hast du einen blühenden Zweig.
Sei nicht mehr traurig.
Jesus mag dich sehr!
Er ist dein Freund.
Er hält immer zu dir.

ENGEL (ZUM 6. KIND):

Hier, Pedro, ist dein Blütenzweig.
Erwachsene und Kinder sammeln heute
für die Hungernden in Lateinamerika.

ENGEL (ZUM 7. KIND):

Mehmed, ganz nah bei deinem Land ist Jesus geboren.
Wir Christen wollen mit dir und allen Kindern im
Libanon um den Frieden beten.

ENGEL (ZUM 8. KIND):

Türkenkinder, lieber Ali, sind genauso gut
wie deutsche Kinder.
Hier hast du deinen Blütenzweig.
Er ist das Zeichen dafür, daß Jesus allen Menschen
ein Bruder geworden ist:
Er kam für die Weißen und die Braunen,
die Schwarzen, die Gelben und die Roten.

ENGEL (ZUM 9. KIND):

Thomas, alle Menschen haben Angst vor einem Krieg.
Hier, der Blütenzweig ist für dich.
Jesus, die schönste Blüte,
will allen Menschen den Frieden bringen.
Halte du Frieden mit deinen Mitmenschen und arbeite
mit für den Frieden in der Welt, wo du kannst.

Zum Schluß:
blühende Zweige als Zeichen der Hoffnung an alle verteilen.

LIED: »Alle Knospen springen auf«

HERIBURG LAARMANN

Kinder aus aller Welt kommen zur Krippe

VORZUBEREITEN: Für alle Kinder eine Kerze, damit sie ihre Kerze am Licht des Weihnachtssterns« entzünden können: weiße Haushaltskerzen mit einem Tropfschutz aus Bierdeckeln, mit Goldfolie überzogen.

Zwölf Kinder (aufgeteilt in drei Gruppen) aus verschiedenen Ländern der Erde werden vom »Weihnachtsstern« eingeladen, zum Jesuskind zur Krippe zu kommen.

Einige der Kinder bringen Geschenke aus ihrem Heimatland mit.

Bei der letzten Gruppe handelt es sich um Kinder aus der 3. Welt bzw. aus einem Krisengebiet, die dem Kindlein ihre Bitten und Nöte vortragen.

Zum Schluß werden die Kinder vom »Weihnachtsstern« aufgefordert, wieder in ihr Heimatland zurückzukehren und das »Licht der Hoffnung«, das sie an der Krippe empfangen haben, mitzunehmen, so daß es allen Kindern der Erde zuteil werden kann.

MITSPIELER:
Weihnachtsstern
Vier Sterne
Kind aus Rußland
Kind aus der Türkei
Kind aus Ägypten
Kind aus dem Morgenland
Eskimo
Kind aus China
Kind aus Australien
Kind aus Finnland
Indianer
Kind aus Peru
Kind aus Afrika
Kind aus einem Kriegsgebiet
beliebig viele Sänger und Sängerinnen

SPIELALTER: 8–12 Jahre

Das Spiel: Alle Kinder stehen im Halbkreis. Der »Weihnachtsstern« bildet, erhöht auf einem Hocker stehend, die Mitte. Links und rechts von ihm stehen jeweils zwei »Sterne«. Im Vordergrund befindet sich eine Futterkrippe mit Stroh. Die Spieler treten jeweils aus dem Halbkreis hervor und legen ihre Geschenke an oder in die Krippe.

Weihnachtsstern:

(tritt nach vorn, hält in der einen Hand an einem Stab den Stern von Bethlehem, in der anderen Hand eine noch nicht angezündete Kerze)

Als Weihnachtsstern bin ich bekannt.
Ihr habt mich sicher gleich erkannt.
Vom glänzend hellen Himmelszelt
leucht ich hernieder auf die Welt.
Doch gleicht mein Schein den andern nicht,
tausendmal heller ist mein Licht.
Durch Gottes Gnad bin ich ein Zeichen
für seine Liebe ohnegleichen,
damit kein Mensch den Tag vergißt,
an dem geborn ist Jesus Christ.

Ich war dabei von Anfang an.
Ich hört der Engel Lobgesang.
Was sie erzählt in tiefer Nacht,
das hat die Hirten froh gemacht.
Ich sah Maria mit dem Kind.
In jener Nacht blies kalt der Wind.
Die Weisen haben mich erkannt
und kamen aus dem Morgenland.

Die Könige und ihr Gesinde,
sie alle knieten vor dem Kinde.

Doch heut lad' ich euch Kinder ein
von fern und nah dabeizusein.
Aus allen Ländern kommt geschwind
zur Krippe her, zum Jesuskind!

Ihr andern Sterne macht mich fein,
damit noch heller wird mein Schein!

(1., 2., 3. und 4.Stern treten nach vorn und postieren sich links und rechts des »Weihnachtssterns«.)

1. STERN: Wir putzen unsern Weihnachtsstern,
damit er leuchtet schon von fern.
(pantomimische Handbewegung)

2. STERN: Wir müssen seinen Schweif polieren
und dürfen keine Zeit verlieren,
(pantomimische Handbewegung)

3. STERN: daß für die Kinder dieser Erde
der Stern von weitem sichtbar werde.

4. STERN: Ich zünde dir dein Licht jetzt an,
damit ein jeder sehen kann,
daß der Erlöser Jesus Christ
in dieser Nacht geboren ist.
(zündet die Kerze des »Weihnachtssterns« an)

ALLE 4 STERNE: Leuchte, lieber Weihnachtsstern,
allen Kindern nah und fern!
(»Weihnachtsstern« und die 4 »Sterne« stellen sich wieder zurück in den Halbkreis.)

LIED: »Kinder, kommt von nah und fern«, *1. Strophe*

KIND AUS RUSSLAND:
(hält in der Hand eine russische Matrjoschka ›russ. Holzpüppchen‹)
Von Rußland bin ich hergekommen,
als ich die Botschaft hab vernommen.
Dies Püppchen schnitzt ich selbst aus Holz,
darauf bin ich besonders stolz,

und malte Nas, Gesicht und Mund,
Augen und Wangen kugelrund.
Dir, liebes Kind, zum Angedenken
will ich dies Spielzeug heute schenken.

Kind aus der Türkei:

(hält in der Hand ein Honigtöpfchen oder türk. Honig in einem Glas)

Mein Heimatland ist die Türkei.
Ich eile zu dem Kind herbei
und bring dem neugebornen König
von diesem Honig ein klein wenig.

Kind aus Ägypten:

Ich komme aus dem Land am Nil.
Der großen Kön'ge gab es viel.
die Pyramiden stolz und kühn,
sie weisen auf die Herrscher hin,
die einst vor vielen tausend Jahren
mächtige Pharaonen waren.
Heut ist jedoch ein Königssohn
in einem kleinen Stall geborn,
ein König ohne Prunk und Macht,
der nur die Menschen glücklich macht.
Vor ihm möcht ich mich hier verneigen
und meine Ehrerbietung zeigen.
(kniet nieder und verneigt sich vor der Krippe)

Kkind aus dem Morgenland:

(hält in der Hand einen Stofftieresel)

Den weiten Weg voll Müh und Plagen
hat mich mein Esel hergetragen.
Ich komme aus dem Morgenland,
der Stern hat mich hierher gesandt.
Das Eselchen will ich dir schenken.
Gott wird die Dinge sicher lenken,
und wenn du einst wirst auf ihm reiten,
soll dich das Tier stets treu begleiten.

Alle 4 Sterne: Leuchte, lieber Weihnachtsstern,
allen Kindern nah und fern!

Lied: »Kinder, kommt von nah und fern«
2. Strophe

Eskimo: Als ich aus meinem Igluhaus
die Nase streckt zur Tür hinaus,
da wurd es mir im Herzen heiß,
denn golden schimmerte das Eis.
Und als ich dann zum Himmel sah,
stand dort der Stern ganz hell und nah.
Er lud mich ein hier her zu gehn,
zum Jesuskind nach Bethlehem.

Kind aus China: *(hält beide Hände wie zu einer Schüssel geformt)*
Den Stern sah ich mit seinem Blinken,
als wolle er zu mir her winken.
Ich komme aus dem Reich der Mitte,
und weil es ist bei uns so Sitte,
bring ich dir eine Handvoll Reis.
Dir, Gottes Sohn, sei Ehr und Preis.

Kind aus Australien:
(hält in der Hand ein Stofftier-Känguruh od. ähnliches)
Australien, das große Land,
es liegt an weit entferntem Strand.
Ich folgte immer dem Kometen
und will nun dich, oh Kind, anbeten.
Zu Ochs und Esel noch dazu
bring ich ein kleines Känguruh.
So wie es springt und sich kann freun,
so soll mein Herz heut fröhlich sein.

Kind aus Finnland:
(hält in der Hand ein Fell)
Aus Finnland bring ich noch ganz schnell
dem kleinen Kind ein Rentierfell
und decke es ganz sachte zu.
Schlaf, Kindelein, in tiefer Ruh.

ALLE 4 STERNE: Leuchte, lieber Weihnachtsstern,
allen Kindern nah und fern!

LIED: »Kinder, kommt von nah und fern« – *3. Strophe*

INDIANER: *(hält in der Hand ein Paar Mokassins)*
Ein jeder Indianer kennt
das Sternenbild am Firmament.
Doch wußt ich nicht, wie mir geschah,
als ich den Stern dort plötzlich sah.
Sein Leuchten zog mich magisch an
und schlug mich fest in seinen Bann.
Mit seinem warmen, hellen Schein
drang es tief in mein Herz hinein.
Mein Kanu brachte mich hierher,
die weite Reise übers Meer.
Aus Büffelleder ein Paar Schuh
bring ich dir mit, doch hör mir zu:
Mein Volk, das litt oft große Not,
denn unsre Haut, die ist ganz rot.
Gib du uns, Kindlein, deinen Segen,
wir wollen nur in Frieden leben.

KIND AUS PERU: Ich komme aus dem Land Peru.
Der Stern, er ließ mir keine Ruh.
Aus leuchtend klaren Himmelshöhn
winkt er mir zu hier her zu gehn.
Weil Vater keine Arbeit hat,
wird niemand von uns Kindern satt.
Du kennst die Not, bist selber arm,
drum wird es mir ums Herze warm.
Vergiß, oh Kind, nicht die Millionen,
die überall in Armut wohnen.

KIND AUS AFRIKA:
Mein Angesicht ist schwarz, nicht weiß.
Bei uns in Afrika ist's heiß.
Die Sonne brennt, es fällt kein Regen.
Ich bitt dich, Kind, um deinen Segen!

Laß wachsen wieder Frucht und Saat,
und mach uns arme Kinder satt!

KIND AUS EINEM KRIEGSGEBIET:

Du liebes Christkind, schau mich an,
daß ich nun heut bei dir sein kann,
verdanke ich dem lieben Stern.
Er zeigte mir den Ort von fern,
wo du in deiner Krippe liegst
und allen Menschen Frieden gibst.
In meinem Land herrscht Krieg und Streit
und Zank und Haß, Gewalt und Neid.
Zu viele Kinder sind schon tot!
Hilf du uns, Herr, aus unsrer Not,
daß für die Kinder dieser Erde
nun endlich wieder Frieden werde.
(kurzes Spiel auf der Flöte)

WEIHNACHTSSTERN:

(tritt nach vorn)
Ihr Kinder dürft euch glücklich preisen,
daß ihr gesehn, was Gott verheißen.
Das Jesuskind auf Heu und Stroh,
es will euch machen alle froh.
Geht nun zurück in euer Land,
und macht es allen dort bekannt,
daß heut in dieser heil'gen Nacht
ward Gottes Sohn zur Welt gebracht.
Sagt es den Alten und den Jungen,
verkündet laut mit euren Zungen
die Botschaft von dem Kindelein,
das alle Menschen will erfreun.
Nehmt nun das Licht der Hoffnung mit,
bewahret es auf Schritt und Tritt,
und leuchtet froh mit euren Kerzen
hinein in aller Kinder Herzen.

(Der Reihe nach entzündet jedes der zwölf Kinder eine Kerze am Licht des »Weihnachtssterns«. Einige der Kinder zünden weitere Kerzen an, die zuvor im Zuschauerraum aufgestellt wurden. Dadurch wird das »Licht der Hoffnung« symbolisch in die Welt hinausgetragen. Während des »Kerzenanzündens« erklingt Flötenmusik. Am besten eignet sich die Melodie des »Schlußliedes«. Zuletzt stehen alle Kinder wieder mit ihren brennenden Kerzen im Halbkreis.)

ALLE SINGEN DAS »SCHLUSSLIED«:

(Als »Schlußlied« eignet sich der Kanon»Mache dich auf und werde Licht«. Er kann sogar gemeinsam mit der Gemeinde oder den Zuschauern vierstimmig gesungen werden. In diesem Fall muß der Kanon vor Beginn des Spielstückes eingeübt werden. (Die Melodie des Kanons kann ohne weiteres auf der Sopranflöte gespielt werden, wenn man das G in Takt zwei eine Oktave höher spielt.)

Als »Schlußlied« eignet sich aber auch das von Wolfgang Longardt im Ernst Kaufmann Verlag erschienene Lied: »Tragt in die Welt nun ein Licht« oder ein anderes zur Thematik passendes Weihnachtslied.)

ANNEMARIE WOLF

Kinder kommt von nah und fern

Refrain 1:

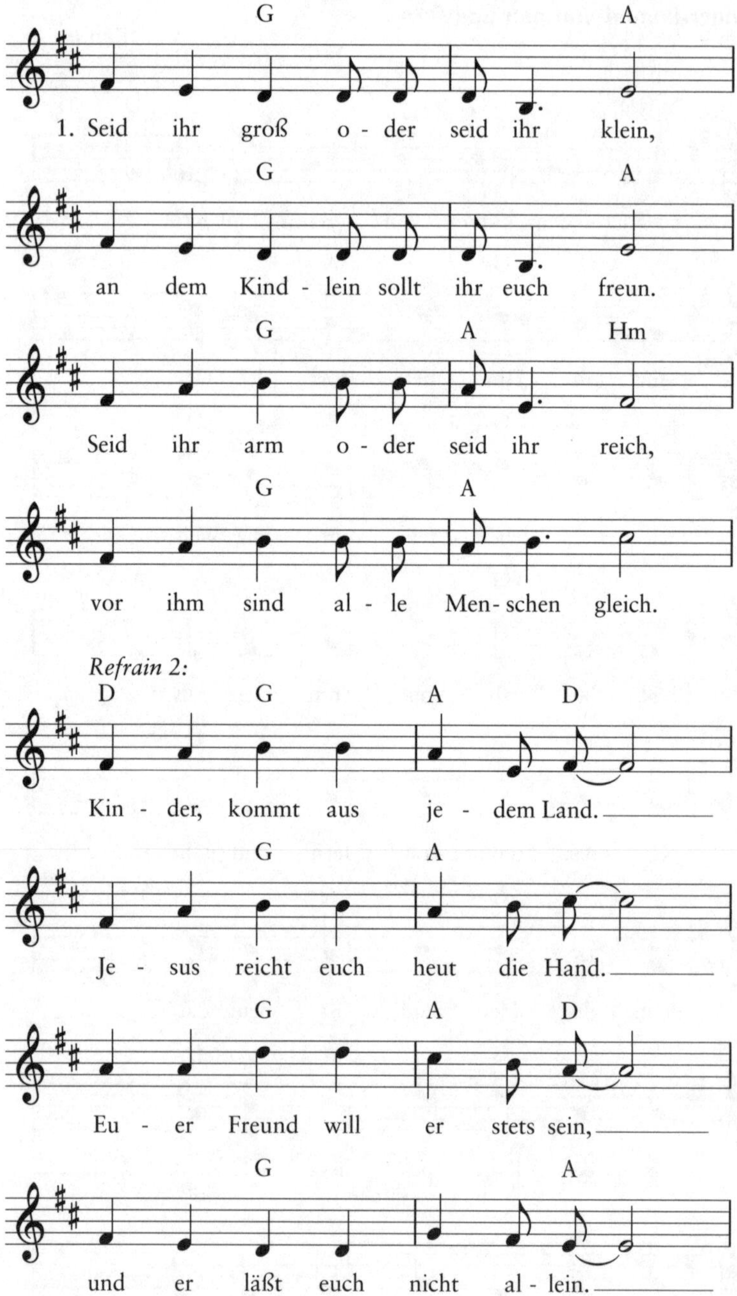
G A
1. Seid ihr groß o - der seid ihr klein,
G A
an dem Kind - lein sollt ihr euch freun.
G A Hm
Seid ihr arm o - der seid ihr reich,
G A
vor ihm sind al - le Men - schen gleich.
Refrain 2:
D G A D
Kin - der, kommt aus je - dem Land.
G A
Je - sus reicht euch heut die Hand.
G A D
Eu - er Freund will er stets sein,
G A
und er läßt euch nicht al - lein.

Kommt von überall

2. Habt ihr Angst oder habt ihr Mut,
ihr seid alle in Gottes Hut.
Seid ihr stark oder seid ihr schwach,
er ist bei euch bei Tag und Nacht.

3. Seid ihr schwarz oder seid ihr braun,
Jesus Christus könnt ihr vertraun.
Seid ihr gelb oder seid ihr rot,
Jesus hilft euch aus aller Not.

Mache dich auf und werde Licht

(aus: Mosaik 1-4 Präsenz-Verlag der Jesus Bruderschaft, Gnadenthal, Hunfelden)

Bethlehem,öffne deine Türen!

Maria und Josef befinden sich in der Fremde, auf der Suche nach einer Unterkunft. Als Fremdlinge stoßen sie überwiegend auf Abweisung bei den Einwohnern Bethlehems, bis sie schließlich in einem Stall Herberge finden.

Eingerahmt wird die Handlung durch den Auftritt des Nachtwächters am Anfang, in der Mitte und am Schluß des Spiels, der sich zunächst über die »vielen Fremden« beschwert, Maria und Josef sogar fortscheucht, zuletzt jedoch durch die Geburt des Kindes eine innere Wandlung erfährt. Es gelingt ihm sogar, mit seinem »Nachtwächterlied« die abweisenden und gleichgültigen Einwohner Bethlehems zur Krippe zu bewegen, wo sie das Kind anbeten.

Die »verschlossenen Türen« werden am Schluß zu »offenen Türen« und somit auch zu »offenen Herzen«.

MITSPIELER: Nachtwächter
Maria
Josef
3 Wirte
Wirtin
Frau eines Wirts
Kind
beliebig viele Sänger und Sängerinnen bzw. Chor
einige Musikanten an Flöten und Orffinstrumenten

SPIELALTER: 8–12 Jahre

DAS SPIEL: Links und rechts der Bühne steht jeweils eine aus Karton gefertigte Häuserfront. Die vier Wirte kommen abwechselnd einmal von links und einmal von rechts hinter den Häusern hervor. Der Chor steht im Hintergrund.

Auf dem Glockenspiel werden 12 Töne (d 1) angeschlagen, gefolgt von einem kräftigen Schlag auf das Becken. (Mitternacht!). Nachtwächter erscheint, geht auf und ab.

NACHTWÄCHTER:

(Singt das Nachtwächterlied, 1.Strophe)
Endlich herrscht im Städtchen Ruh.
Alle Türen sind jetzt zu.
Alle Lichter sind schon aus,
Dunkelheit in jedem Haus.
Alle Tore sind versiegelt
und die Fenster fest verriegelt.
Jeden Abend, Nacht für Nacht,
halte ich im Städtchen Wacht,
und ich drehe, Stund um Stunde,
auf den Straßen meine Runde,
geh die Gassen auf und nieder
bis der Morgen grauet wieder,
sorg für Ordnung und geb acht,
daß kein Mensch mehr Unruh macht.
Stadtgesindel, Diebe, Strolche,
Räuber, Gauner, viele solche
finde ich in dunklen Ecken,
wo sie heimlich sich verstecken.
Fremdes Volk ist auch zugegen.
Auf den Straßen, auf den Wegen
treibt Gesindel sich herum.
Langsam wird mir das zu dumm!
Einlaß sollte man verwehren,
denen, die den Frieden stören.
(Nachtwächter ab)

CHOR: »Bethlehem, du kleine Stadt«, *1. Strophe*
(Maria und Josef erscheinen zu Beginn des Liedes. Sie gehen suchend hin und her. Am Ende der Strophe bleiben sie vor der Tür des 1. Gasthauses stehen. Josef klopft in Takt16 pantomimisch 3x an die Tür, das Klopfzeichen wird von einem Kind mit Klanghölzern ausgeführt. Den Refrain singen Maria und Josef gemeinsam mit dem Chor. 1.Wirt erscheint.)

JOSEF: Fremde sind wir in der Stadt,
müde, ausgelaugt und matt,
denn der Weg von Nazareth
war beschwerlich, wie ihr seht.
Doch der Kaiser gab Befehle,
daß man alle Menschen zähle,
ein jeglicher in seiner Stadt,
wo er noch Verwandte hat.
Und weil wir den Befehl vernommen,
sind wir nach Bethlehem gekommen.
Ich bitt euch, seht mein armes Weib,
sie trägt ein Kind in ihrem Leib.
So gebt uns doch für diese Nacht
ein warmes Bett, ein schützend Dach!

1. WIRT: Ihr seid mir vielleicht verwegen!
Meine Zimmer sind vergeben.
Nazarener sind nicht grad
sehr beliebt in unsrer Stadt.
Wer zu der Zeit kehret ein,
braucht uns nicht willkommen sein.
Nein, für euch ist hier kein Ort
deshalb schert euch schleunigst fort!
(1. Wirt ab)

CHOR: »Bethlehem, du kleine Stadt«, *2. Strophe*
(Spielszene vgl. 1.Strophe, Josef klopft an die 2.Tür, 2.Wirterscheint)

MARIA: Guten Abend, liebe Leute!
Habt ihr Herberg für uns heute?
Seht, wir kommen von weit her,
unsre Beine schmerzen sehr.
Lasset uns bei euch heut wohnen.
Gott im Himmel wird's euch lohnen!

2. WIRT: Ich halt mehr vom Lohn der Welt,
wenn ich sehe bares Geld.
Doch nach Geld seht ihr nicht aus,

deshalb packt euch fort, hinaus!
(2. Wirt ab)

NACHTWÄCHTER: *(erscheint)*
He, ihr zwei, nehmt euch in acht,
denn es ist schon späte Nacht,
und ich duld auf keinen Fall
diesen nächtlichen Krawall.
Sucht euch endlich eine Bleibe,
eh ich euch von hier vertreibe!
(Maria und Josef ab)
Nachtwächter singt das »Nachtwächterlied« (2.Strophe)
(Nachtwächter ab – Maria und Josef erscheinen)

MARIA: Ach, wie sind die Menschen blind,
wissen nichts von unserm Kind,
tun mit Eifer ihre Pflicht,
sehn die Not der andern nicht.
Wer gibt uns ein Nachtquartier?
Wo ist eine offne Tür?
Höre, Josef, guter Mann,
klopf an jene Tür dort an.
(Josef klopft pantomimisch an die 3.Tür – Wirtin erscheint)

JOSEF: Tut uns leid, daß wir euch stören,
doch wir haben ein Begehren.
Laßt uns ein in euer Haus,
denn es ist so kalt hier drauß.

WIRTIN: Leider kommt ihr heut zu spät,
denn ich gab mein letztes Bett
einem altbekannten Gast
zu der wohlverdienten Rast.
Nehmt jedoch dies Stückchen Brot,
denn ich sehe eure Not,
(pantomimische Handbewegung)
und ich rat euch, fraget an
dort beim Gastwirt nebenan.
(Wirtin ab)

CHOR: »Bethlehem, du kleine Stadt«, *3. Strophe*
(Spielszene vgl. 1. Strophe, 4. Wirt erscheint)

JOSEF: Arm und hilflos stehn wir hier,
zugeschlossen jede Tür.
Ach, Herr Wirt, so habt Erbarmen
mit uns Schwachen, mit uns Armen!
Helft dem Weibe, helft geschwind,
sie erwartet bald ein Kind!

3. WIRT: Überall im ganzen Land
ist mein Gasthaus wohlbekannt.
Unser Haus bietet das Beste
nur für anspruchsvolle Gäste.
Und es kamen grade heute
ganz besonders reiche Leute
aus dem fernen Morgenland,
dies hab ich sogleich erkannt.
Zwar, man sagt, seltsamerweise,
machten sie die weite Reise,
um zu sehn ein Kindelein.
Es soll der Messias sein.
Doch, was geht mich das schon an,
Hauptsach', einer zahlen kann!
Deshalb könnt ihr hier nicht bleiben
und mir meine Gäst vertreiben.

FRAU DES WIRTS:
(erscheint mit dem Kind; das Kind hält einen Kerzenleuchter mit einer brennenden Kerze in der Hand.)
Hab Erbarmen, lieber Mann!
Sieh die junge Frau bloß an.
Würd das Kindlein hier geboren,
wär es sicherlich verloren.
Seid ihr zwei auch noch so arm,
drüben in dem Stall ist's warm.
Unser Kind zeigt euch den Weg,
wo es zu dem Stalle geht.

KIND: Kommt, ich führ euch zu den Tieren,
dort müßt ihr nicht länger frieren.
(3. Wirt, Frau des Wirts ab)
(Das Kind geht mit dem Kerzenleuchter, einige Runden drehend, voraus. Maria und Josef folgen ihm. Im Vordergrund steht nun eine Krippe. Maria und Josef knien dann an der Krippe nieder. Das Kind zündet in der Krippe eine Kerze an als Symbol für die Geburt Jesu. Während dieser Szene erklingt Flötenmusik, Kind ab)

NACHTWÄCHTER:
(erscheint etwas abseits der Krippe)
Seltsam, heute diese Nacht!
Dort, das Licht, es schimmert sacht,
und mir ist, als ob sein Schein
dringet in mein Herz hinein.
Aus dem kleinen, engen Stall
klingt es laut mit frohem Schall,
und ich höre helle Stimmen,
grad so, als ob Engel singen.
Christ ist geboren, schallt es mit Macht.
Heilig die Stunde, heilig die Nacht.
(nähert sich der Krippe, kniet nieder)
Liebes Kind, ich bitte dich,
rechne meine Torheit nicht,
und verzeih mir meine Schuld,
segne mich mit deiner Huld.
Alle Menschen soll'n dich finden,
dies will ich nun laut verkünden.
(Nachtwächter steht auf und singt sein »Nachtwächterlied« (3.Strophe). Zum Schluß versammeln sich alle Spieler, einschließlich des Chors, im Halbkreis um die Krippe und singen die 4.Strophe des Liedes »Bethlehem, du kleine Stadt«. Refrain 2x singen. Bei der Wiederholung des Refrains fassen sich alle Kinder mit nach oben gestreckten Armen an den Händen, als Symbol der »offenen Türen«.)

ANNEMARIE WOLF

Nachtwächterlied

2. Hört ihr Leut und laßt euch sagen,
Mitternacht hat's schon geschlagen.
Schließet alle Türen zu,
und begebt euch nun zur Ruh.
Laßt niemand ein,
niemand mehr herein.

3. Hört ihr Leut, vernehmt die Kunde:
Heilig, heilig ist die Stunde.
Gottes Sohn in dieser Nacht
wurd für uns zur Welt gebracht.
Betet ihn an,
betet ihn an.

Vorspiel

Anmerkung: Erster Teil des Liedes wird vom Nachtwächter solistisch gesungen. Bei der Wiederholung des Refrains setzt der Chor mit ein.

Bethlehem, du kleine Stadt

Refrain:

Dm Gm
2 Öff - net uns die Tü - ren!
C F
Laßt uns nicht er - frie - ren.
Gm Dm
Laßt uns nicht hier drau - ßen stehn, es
A A7 Dm
pfeift so kalt der Wind.
Dm Gm
Vor ver - schloß - nen To - ren.
C F
stehn wir halb er - fro - ren.
Gm Dm
Got - tes Sohn wird heut ge - born. Er -
A Dm
bar - men mit dem Kind.

2. Bethlehem, du kleine Stadt, ja, du bist ausersehn.
Laß die armen Menschen nicht im Dunkeln draußen stehn!
Öffne deine Tore, denn der Heiland kehret ein.
Freue dich, denn du sollst heut die Auserwählte sein!
Öffnet uns die Türen…

3. Bethlehem, du kleine Stadt, du darfst nicht schlafen gehn!
Kannst du denn die Not der beiden Menschen nicht verstehn?
Sieh, die Nacht ist hell, es steht ein Stern am Himmelszelt.
Davids Sohn wird heut geborn, der Heiland dieser Welt.
Öffnet uns die Türen…

4. Bethlehem, du kleine Stadt, ja du bist auserkorn.
Hier in deinem Schoße ist der Heiland heut geborn.
Hell erstrahlt ein Licht und leuchtet in die Welt hinaus,
scheint in jede Tür und dringet ein in jedes Haus.

II Offen sind die Türen.
Keiner muß mehr frieren.
Gott schickt seinen Sohn, damit die Menschen Brüder sind.
Weit im Schein der Kerzen
öffnen sich die Herzen.
Gottes Sohn ist heut geborn, für uns, das heilge Kind. II

3 x klopfen (Klanghölzer), Josef führt die Kopfbewegung pantomimisch aus.
Maria und Josef singen nur den Refrain, unterstützt vom Chor

Vorspiel:

Strophe (ohne Refrain):

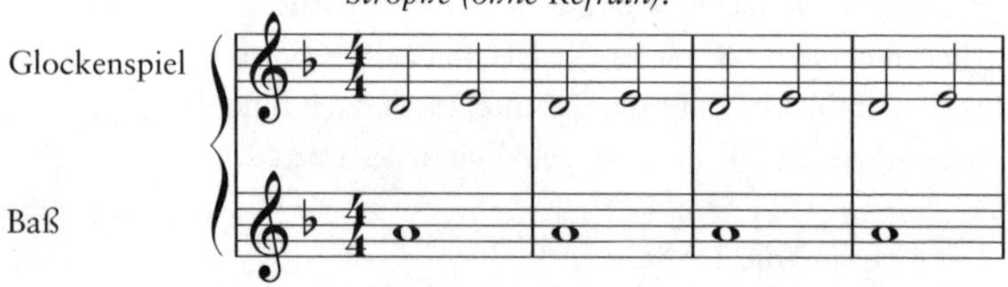

Mirjams Geschenk

PERSONEN: Erzähler, Sara, Hirten, Vater, Mirjam, Großmutter, Wind, Frost, Großer Bär, Wolf

SPIELALTER: 8-12 Jahre

ERZÄHLER: Elias hatte sein Zelt dicht an eine felsige Wand unterhalb einer Hügelkette aufgeschlagen. Er hatte diesen Platz für sich und seine Familie gewählt, um vor Wind und Frost geschützt zu sein. Lange war er mit seiner Familie umhergezogen. Mit Sara, seiner Frau, seinen beiden Söhnen, der Großmutter und mit seiner kleinen Tochter Mirjam.Es war Nacht geworden. Müde legten sich alle nieder.

SARA: Es ist Mitternacht. Doch ich höre Schritte! Wer weckt uns aus dem Schlaf? Was ist geschehen?

HIRTEN: Wacht auf! Engel sind uns erschienen, die haben uns verkündet, daß in Bethlehem der Messias, der Heiland der Welt, geboren ist. In einem armen Stall ist er zu finden, in Windeln gewickelt liegt er in einer Krippe. Wir wollen ihn begrüßen. Kommt ihr mit?

ERZÄHLER: Alle, die im Zelt waren, sprangen auf.

ALLE: Wir gehen mit! Wir wollen den Heiland der Welt begrüßen.

VATER: Der Weg wird anstrengend. Großmutter, du kannst nicht mit. Bleib daheim mit Mirjam, die ist noch zu klein.

ERZÄHLER: Draußen wehte ein starker Wind. Als Elias prüfte, ob die Zeltbefestigungen gut im Boden verankert waren, lief Mirjam ihm entgegen und rief:

MIRJAM: Vater, bitte nimm mich mit. Ich will dem Kind in der Krippe meine Puppe schenken. Ich möchte dem armen Kind im Stall eine Freude machen.

ERZÄHLER: Der Vater lächelte. Doch dann sagte er:

VATER: Mirjam, du kannst nicht mitgehen. Du bist noch zu klein. Hörst du nicht, wie der Wind bläst? Er wird dich und deine Puppe fortwehen wie eine leichte Vogelfeder.

Erzähler: Mirjam wagte nicht zu widersprechen. Traurig lief sie mit ihrer Puppe zur Großmutter. Sie war eine weise Frau und wußte immer Rat.

Grossmutter: Bitte den Wind, daß er nicht so bläst. Sag ihm, der Heiland ist geboren, der Retter der Welt. Wo er ist, wird ein neuer Wind wehen.

Mirjam: Den Wind soll ich bitten? Kann er mich denn verstehen?

Grossmutter: In dieser Nacht wird alles anders ein. Wenn der gekommen ist, der Himmel und Erde erlöst, dann wird auch der Wind dich verstehen. Er wird dir auch antworten, du mußt nur genau hinhören.

Erzähler: Mirjam steckte die Puppe in ihre Rocktasche und kroch nach draußen. Huiii … fast hätte der Wind Mirjam umgeblasen. Mit beiden Händen klammerte sie sich an die Felswand. Laut rief sie in das gewaltige Brausen:

Mirjam: Wind, lieber Wind, blase nicht so stark. Es ist einer geboren, der ist stärker als du. Ihm gehören Himmel und Erde. Er will alles neu machen, einen neuen Wind auf diese Erde bringen. Hilf mir, sonst darf ich nicht zu ihm nach Bethlehem gehen.

Erzähler: Mirjam horchte. Hatte der Wind sie überhaupt gehört? Sie wagte kaum zu atmen. Da – plötzlich legte sich der Wind. Nur ein leises Wehen streifte Mirjam. Wie aus weiter Ferne hörte sie seine Stimme:

Wind: Geh nur, kleine Mirjam! Bringe dem Jesuskind deine Puppe und einen Gruß von mir. Ich will ihm dienen, denn in meinem sanften Säuseln haben schon viele Gott und seine Nähe erfahren.

Mirjam: Danke, Bruder Wind!

Erzähler: Als Mirjam ins Zelt zurückkroch, stand der Vater vor ihr und fragte ungehalten:

Vater: Wo kommst du her?

Mirjam: Ich war draußen beim Wind. Er hat mir versprochen, nur noch sanft und leise zu wehen, damit ich zum Kind nach Bethlehem gehen kann. Er hilft mir, Gott zu erfahren.

VATER: Unsinn!

MIRJAM: Aber, Vater, hörst du denn nicht, wie still der Wind geworden ist?

ERZÄHLER: Elias horchte. Tatsächlich, das Brausen des Windes war verklungen. Nur noch ein sanftes Wehen war auf der Haut zu spüren.

VATER: Nein, Mirjam, du darfst nicht mit. Der Frost wird dir die Nasenspitze abfrieren.

ERZÄHLER: Mirjam sagte nichts. Sie lief zur Großmutter und klagte ihr das Leid.

GROSSMUTTER: Bitte den Frost, daß er sich zurückzieht. Wenn der geboren ist, der Licht und Wärme in unsere kalte Welt bringt, dann muß auch der Frost auf seine Herrschaft verzichten.

ERZÄHLER: Die Großmutter hob wieder den Zipfel des Zeltes hoch, und Mirjam kroch hinaus. Bitterkalt war es draußen. Mirjam fröstelte. Mutig rief sie dem Frost zu:

MIRJAM: Frost, lieber Frost, laß es bitte nicht so kalt sein. Ich darf sonst nicht nach Bethlehem zu dem Kind, das Licht und Wärme von Gott auf diese Erde bringt. Bitte, hilf mir. Ich möchte dem Kind meine Puppe schenken.

ERZÄHLER: Mirjam horchte. Aus weiter Ferne hörte sie eine klirrende Stimme.

FROST: Geh nur, kleine Mirjam. Schenke dem Kind deine Puppe. Ich werde mich zurückziehen, damit die Menschen die Wärme des Erlösers spüren.

MIRJAM: Danke, Bruder Frost! Vater, laß mich mitgehen, denn der Frost zieht sich zurück.

VATER: Nein, Mirjam, du darfst nicht mitgehen. Die wilden Tiere werden dich jagen.

ERZÄHLER: Enttäuscht ging Mirjam zur Großmutter. Diese sah sie mit gütigen Augen an.

GROSSMUTTER: Bitte den Großen Bären am Himmel, in dieser Nacht alle Tiere friedlich zu stimmen, weil der geboren ist, der unserer Welt den Frieden bringt.

ERZÄHLER: Die Großmutter hob den Zipfel des Zeltes und Mirjam kroch mit ihrer Puppe hinaus. Sie schaute in den sternenklaren Himmel, fand den Großen Bären und rief ihm zu:

MIRJAM: Großer Bär, bitte, hilf mir, daß in dieser Nacht alle wilden Tiere friedlich sind. Der Friedensbringer ist geboren. Gott hat der Erde seinen Frieden geschenkt. Alle sollen diesen Frieden erfahren und ihn weitergeben.

ERZÄHLER: Da hob der große Bär seine Tatze und brummte:

GROSSER BÄR: Geh nur, kleine Mirjam, bring dem Jesuskind deine Puppe. In dieser Nacht werden alle wilden Tiere friedlich sein.

MIRJAM: Danke, großer Bär, daß von dir so viel Friede ausgeht!

GROSSER BÄR: Der Friede geht von dem aus, der in der Krippe liegt. Wenn Gott auf Macht und Gewalt verzichtet und klein und schwach wird, dann müssen auch Menschen und Tiere seinem Beispiel folgen.

ERZÄHLER: Mirjam lief schnell ins Zelt zurück. Sie war froh und aufgeregt zugleich. Sie wollte erzählen, was der Große Bär ihr gesagt hatte, aber dazu kam es nicht. Die Eltern und die Brüder verabschiedeten sich, denn sie hatten es eilig, nach Bethlehem zu kommen.

VATER: Sei schön brav, Mirjam, und hilf der Großmutter!

ERZÄHLER: Schluchzend blieb Mirjam zurück. Die Großmutter nahm sie fest in die Arme, trocknete ihre Tränen und sagte:

GROSSMUTTER: Auch du wirst nach Bethlehem gehen. Das Kind erwartet dich!

MIRJAM: Aber, Großmutter, wie soll ich alleine den Weg finden?

ERZÄHLER: Die Großmutter führte Mirjam vor das Zelt. Sie zeigte zum Himmel hinauf und sagte:

GROSSMUTTER: Siehst du dort den Stern, der so hell am Himmel leuchtet? Das ist ein besonderer Stern. Ein neuer Stern ist aufgegangen über unserer dunklen Welt. Folge diesem Stern, dann kommst du nach Bethlehem.

ERZÄHLER: Mirjam drückte ihre Puppe an sich und machte sich auf den Weg, immer dem Stern nach, der ihr den Weg hell machte. Plötzlich stand mitten im Weg ein Wolf. Mirjam erschrak und blieb stehen. Der Wolf aber sagte friedlich:

Wolf:	Der Mensch ist dem Menschen oft ein Wolf. Ich aber will dich zum Kind nach Bethlehem tragen. Klettere auf meinen Rücken.
Erzähler:	Vertrauensvoll kletterte Mirjam mit ihrer Puppe auf den Rücken des Wolfes.
Wolf:	Halte dich gut fest, damit du nicht herunterfällst.
Erzähler:	In langen Sätzen sprang der Wolf nach Bethlehem. Immer heller leuchtete der Stern. Und da war auch schon der Stall. Mirjam streichelte den Wolf und flüsterte:
Mirjam:	Danke, Bruder Wolf, du hast mich sicher durch die Nacht getragen.
Erzähler:	Mirjam ging zum Stall. Vor dem Eingang stand der Vater und neben ihm Mutter und die Brüder. Mirjam zögerte. Doch der Vater winkte ihr, näher zu kommen. Er nahm sie bei der Hand und führte sie zur Krippe. Jetzt sah Mirjam das Jesuskind, das in der Krippe lag. Licht und Wärme, Frieden und Freude gingen von diesem Kind aus. Mirjam legte ihre Puppe ins Stroh. Das Kind, das von Gott gekommen war, um der Welt Frieden zu bringen, lächelte. Da freute sich Mirjam, und alle freuten sich mit ihr.
Mirjam:	Danke, Jesus, daß du mir geholfen hast, alle Hindernisse zu überwinden. Danke, daß auch die Kleinen zu dir kommen dürfen. Wind und Sturm, Kälte und Frost, Tiere und Menschen veränderst du und schenkst allen deinen Frieden. Laß uns deine Nähe und Menschenfreundlichkeit erfahren und sie an alle weiterschenken, die uns begegnen. Danke, daß du der Heiland für alle bist.

Nach: »Mirjams Geschenk« von Gerda Marie Scheidl / Marcus Pfister. Nord-Süd-Verlag, Hamburg, 1989.

Heriburg Laarmann

Das schwarze Schaf, der dumme Esel und der Sündenbock

Das Spiel beschäftigt sich mit der Rolle der Außenseiter, die uns in der Gestalt des »schwarzen Schafes«, des »dummen Esels« und des »Sündenbocks« (Ziegenbock) begegnen. Die in unserem Sprachgebrauch negativ geprägten Metaphern werden in dem Spiel personifiziert. Die drei Tiere müssen Vorurteile, Ungerechtigkeit und Demütigung am eigenen Leib erfahren. Sie werden zu Ausgestoßenen.

Von Jesus wissen wir, daß er gerade die Nähe der Außenseiter und Verachteten suchte. Auch die Tiere werden eingeladen, zum Jesuskind an die Krippe zu kommen. Dort wird ihnen Liebe, Anerkennung und Wertschätzung zuteil. Dort werden sie angenommen, so wie sie sind.

MITSPIELER: 1–3 Sprecher
3 Engel
Schwarzes Schaf
Esel
Ziegenbock
Hirte
Händler
Wirt
Sternträger
einige Kinder für die Schafherde
beliebig viele Sänger und Sängerinnen
bzw. Chor

SPIELALTER: 7–11 Jahre

DAS SPIEL: Zwischen den einzelnen Szenen erklingt Flötenmusik. Der Chor steht im Hintergrund.

1. Szene: Hirten auf dem Felde, Schafherde

(Die Schafherde besteht aus einigen Kindern, die auf dem Boden kauern und mit einem weißen Fell (weiße Decke, Flokati etc.) zugedeckt sind.)

1. SPRECHER: Dunkel ist es schon geworden,
und ein Sturmwind pfeift von Norden.
Auf dem Feld die Hirten schlafen
tief und fest bei ihren Schafen.
Nur ein Hirte hält die Wacht
und gibt auf die Herde acht.
Alles liegt dicht beieinander.
Doch wo ist denn Alexander?

HIRTE: *(ruft)*
Alexander, Alexander!
Immer muß man den Kerl rufen,
ständig muß man nach ihm suchen.
Er hat wohl ein schlecht Gewissen
und ist deshalb ausgerissen!
Hat es wieder Streit gegeben?
Dann kann er etwas erleben!
Ganz egal, wie dem auch sei:
Gibt es eine Keilerei,
Alexander ist stets schuld!
Langsam reißt mir die Geduld!
Dieses böse schwarze Schaf,
Zeit wird's, daß ich es bestraf!

SCHWARZES SCHAF:
(kommt aus seinem Versteck, steht abseits der Herde, singt das Lied: »Allein, allein auf weiter Flur«, Strophe 1 a)
Schwarzes Fell und schwarze Ohren,
so wurd ich als Lamm geboren.
Vater, Mutter, Onkel, Tanten
und die anderen Verwandten,
die sind weiß von Kopf bis Fuß,
nur mein Pelz ist schwarz wie Ruß.

Nachts träum ich vom weißen Fell.
Selbst die Pfoten wär'n ganz hell.
Und ich wär wie all die andern,
bräucht nicht einsam rumzuwandern,
und ich könnte friedlich schlafen
mitten bei den andern Schafen.
(singt: »Allein, allein auf weiter Flur«, Strophe1b, steht dann da mit gesenktem Kopf)
(Sternträger erscheint im Hintergrund. Er hält den »Stern von Bethlehem« an einem Stab.)

1. Engel: *(von der Seite kommend, geht zu dem Schaf)*
Liebes Schäfchen, fürcht dich nicht,
und verbirg nicht dein Gesicht.
Du mußt heut nicht traurig sein,
denn du bist nicht mehr allein.
Es gibt jemand, der dich liebt
und dir ein Zuhause gibt.
Heute ist ein Kind geboren,
und man hat mich auserkoren,
die Geburt froh zu verkünden.
Dieses Kind, du wirst es finden
in dem Stall in Bethlehem,
und du darfst gleich zu ihm gehn.
Bei dem Kind bist du geborgen
und vergißt dann deine Sorgen.
Sieh, der Stern zeigt dir den Weg,
wo es zu dem Stalle geht.
(zeigt auf den Stern)
In der Krippe liegt das Kind.
Lauf nur, Schäflein, lauf geschwind!

Alle singen:
»Gott liebt nicht nur weiße Schafe«, *1. Strophe*
(Schwarzes Schaf läuft hinter dem Sternträger her.
Sie drehen einige Runden, während das Lied gesungen wird.)

2. Szene: **Landstraße**

(Händler geht mit Esel hin und her, Händler droht dem Esel und deutet Schläge an.)

2. SPRECHER: Seht, es dreht zu später Stunde
dort ein Händler seine Runde.
Er will heut noch in die Stadt,
wo er seine Kundschaft hat.
Seinem Esel gibt er Schläge,
denn der scheint so müd und träge.
Er will nicht mehr weiterlaufen,
sondern erst einmal verschnaufen.

HÄNDLER: Dummer Esel, blödes Tier,
bis ich die Geduld verlier!
Wenn ich sag: »Jetzt mach mal schnell«,
rührst du dich nicht von der Stell.
Sag ich dir: »Jetzt bleib doch stehn«,
willst du einfach weitergehn.
Niemals wird es mir gelingen,
dir mal etwas beizubringen.
Morgen früh laß ich dich laufen,
werd dich auf dem Markt verkaufen.
Soll ein anderer probieren,
ob's gelingt, dich zu dressieren!
(stößt den Esel von sich, Händler ab)

ESEL: *(singt: »Allein, allein auf weiter Flur«, Strophe 2a)*
Liebe Leut, ich sag euch was:
Esel sein macht keinen Spaß!
Denn mein Herr ist ungerecht.
Er behandelt mich oft schlecht.
Was kann ich denn schon dafür,
bin doch bloß ein armes Tier!
Dummer Esel, sag'n die Leut.
Ach, ich wär so gern gescheit.
Manchmal stell ich mich auch dumm,
mach den Buckel dann ganz krumm
und tu so, als hört ich nicht,

was mein Herr dann zu mir spricht
und mach keinen einzgen Schritt,
nicht nach vorn und nicht zurück.
Hätt ich einen guten Herrn,
tät ich meine Arbeit gern.
(singt: »Allein, allein auf weiter Flur«, Strophe2b)

2.ENGEL: *(erscheint)*
Lieber Esel, laß dir sagen:
Deine Not und deine Plagen
darfst du heut zu Jesus bringen.
Er wird deinen Schmerz bezwingen.
Zorn und Bosheit muß verstummen.
Für die Schwachen und die Dummen
ist er auf die Welt gekommen.
Viele haben's schon vernommen.
Bist du auch nicht angesehn,
Jesus Christ wird dich verstehn.
Du darfst heute zu ihm kommen,
er hat dich schon angenommen.
Sieh, der Stern zeigt dir den Weg,
wo es zu dem Stalle geht.
(zeigt auf den Stern)
In der Krippe liegt das Kind.
Lauf nur, Esel, lauf geschwind.

ALLE SINGEN: »Gott liebt nicht nur weiße Schafe« , *2. Strophe*
(Esel läuft hinter dem Sternträger her, vergl. 1.Szene)

3. Szene: Vor dem Stall in Bethlehem

3. SPRECHER: Nun sind wir in Bethlehem.
Seht den Stern am Himmel stehn!
(zeigt zum Stern, der Sternträger steht nun in der hinteren Mitte)
Hier im Stall, ich kann's bekunden,
hat das Wunder stattgefunden.
Nicht in Herrlichkeit und Pracht
ward das Kind zur Welt gebracht,
sondern mitten bei den Tieren
muß es schon die Armut spüren.
Doch die Eltern, die sind froh,
denn das Kind auf Heu und Stroh
ist der Heiland Jesus Christ,
der der Welt Erlöser ist.
Dank sei auch dem Wirt dafür,
daß er gab das Nachtquartier.
Doch, was ist das für ein Krach?
Macht mir bloß das Kind nicht wach!

WIRT: *(Wirt erscheint laut schreiend aus dem Hintergrund und stößt den Ziegenbock vor sich her.)*
Raus mit dir, du Ziegenbock!
Marsch, sonst kriegst du mit dem Stock!
Kannst im Stall du nicht parieren,
sollst du nun hier draußen frieren.
Denn dort drin die fremden Leute
brauchen dringend Ruhe heute.
Du hast da nichts mehr verloren,
wo das Kindlein ist geboren.
Böse Worte, Streiterein
dürfen hier nicht länger sein.
Schleunigst wirst du nun verschwinden.
An den Pfahl werd ich dich binden!
(Bindet den Ziegenbock pantomimisch an)

ZIEGENBOCK: *(singt: »Allein, allein auf weiter Flur«, Strophe 3 a)*
Ich bin stets der Sündenbock.
Angebunden an den Pflock,
muß ich nun hier draußen frieren.
Ach, zu all den andern Tieren
ist mein Herr stets lieb und gut,
nur auf mich hat er 'ne Wut.
Meine Hörner, seht es nur,
sind von kräftiger Statur.
Wunderschön nach Ziegenart
ist mein zottig langer Bart.
Ja, im ganzen Stalle hier
bin wohl ich das schönste Tier.
Doch, obwohl ich sehr bescheiden,
kann mich trotzdem keiner leiden.
Dann komm ich oft leicht in Rage,
krieg 'ne Wut auf die Bagage,
und ich werde richtig böse
und verteile kräft'ge Stöße.
Kommt der Zorn erst über mich,
ja, dann tob ich fürchterlich.
Nun hat man mich ausgeschlossen,
ich bin deshalb sehr verdrossen.
(singt: »Allein, allein auf weiter Flur«, Strophe3b)

3. ENGEL: *(erscheint)*
Böcklein, hör was ich verkünde:
Alles Heil kommt von dem Kinde,
das da liegt auf Heu und Stroh,
denn es macht uns alle froh.
Gott hat auch mit dir Geduld
und vergibt dir deine Schuld.
Nicht allein für all die Frommen
ist der Heiland heut gekommen.
Jesus liebt gerade dich,
und er ruft dich heut zu sich.

Er kann Fesseln überwinden,
hilft auch dir, zum Kind zu finden.
Auch du darfst in den Stall hinein
und an dem Kindlein dich erfreun.
In der Krippe liegt das Kind.
Lauf nur, Böcklein, lauf geschwind!
(Bindet den Ziegenbock pantomimisch los)

Schlußszene: Eine Krippe im Mittelpunkt

ALLE SINGEN: »Gott liebt nicht nur weiße Schafe«, *3. Strophe*
(Während das Lied gesungen wird, geht der Ziegenbock zu der Krippe und kniet nieder. Die andern beiden Tiere kommen herzu und knien ebenfalls nieder. Hinter ihnen stehen die drei Engel. Der Stern ist über ihnen.)

ALLE DREI TIERE:
An deiner Krippe stehn wir hier,
verneigen uns und danken dir.
Weil du uns angenommen,
sind wir hierher gekommen.
Du hast uns lieb, so wie wir sind.
Wir preisen dich, du heil'ges Kind!

ANNEMARIE WOLF

Allein, allein auf weiter Flur

1b Allein, allein auf weiter Flur.
Was mach ich denn jetzt nur?
Dort schläft auf weicher Erde
ganz tief und fest die Herde.
Nur ich bin einsam und allein.
Will keiner bei mir sein?
Mäh, mäh, ich bin ja so allein.
Will keiner bei mir sein?

2a Allein, allein auf weiter Flur,
ich arme Kreatur!
In meinen alten Tagen
muß ich das noch ertragen.
I-ah, ich bin ja so allein.
Will keiner bei mir sein?
I-ah, ich bin ja so allein.
Will keiner bei mir sein?

2b Allein, allein auf weiter Flur.
Was mach ich denn jetzt nur?
In meinen alten…

3a Allein, allein auf weiter Flur,
ich arme Kreatur!
Hier draußen muß ich frieren,
die bittre Kälte spüren.
Meck, meck, ich bin ja so allein.
Will keiner bei mir sein?
Meck, meck, ich bin ja so allein.
Will keiner bei mir sein?

3b Allein, allein auf weiter Flur.
Was mach ich denn jetzt nur?
Hier draußen…

Gott liebt nicht nur weiße Schafe

2. Esel, mach dir keine Sorgen.
   Du mußt nicht mehr traurig sein.
   Bei dem Kind bist du geborgen
   und nicht mehr allein.

3. Böcklein, du mußt nicht verzagen.
   Gott hat auch mit dir Geduld,
   denn er kennt auch dein Versagen
   und vergibt die Schuld.

Bethlehem ist überall

PERSONEN: 8 Kinder, Lektor, Nele, Mutter, Junge, Mann, Frau, Mädchen, Alfonso, Nichtsesshafter, Gefangener, beliebig viele Personen für den Sprechchor.

SPIELALTER: ab 8 Jahren

VORZUBEREITEN:

	Sage,		wo		ist
Junge	Mann mit vielen Geschenken	alte Frauen allein	krankes Mädchen im Bett	Afrikanerjunge, der aus dem Fenster schaut	

Bethlehem		?		
Nichtseßhafter im Schuppen		Mann im Gefängnis	Nele	überall!

Elf große Schilder an Stäben befestigt. Auf der Vorderseite ist geschrieben: SAGE, WO IST BETHLEHEM? Rückseite: Bilder zum Spiel malen lassen, letztes Schild: »überall«. Die Schilder »ist« und »Bethlehem« werden am Ende des Spiels gewechselt = BETHLEHEM IST ÜBERALL!

LIED: »Sei uns willkommen, Herre Christ« – oder
»Die Nacht zu Bethlehem ist unser Tag«

Begrüßung und Einführung

1. KIND: Ein Wunder ist geschehen!
Gott kam in unsere Welt:
einfach, arm und menschlich,
hilflos, schwach und klein.
Sucht ihn! Macht euch auf den Weg!
Sucht ihn nicht über den Sternen,
nicht hinter Schaufenstern,
nicht unter Bergen von Geschenken.
Sucht ihn in Bethlehem und überall dort,
wo ihr selbst arm und traurig seid,
wo ihr Angst habt und leidet,
wo ihr in Not und Schuld seid.
Da hat er sich verborgen,
da werdet ihr ihn finden
wie ein Licht in dunkler Nacht,
wie eine blühende Rose im kalten Winter,
wie eine wärmende Hand, die euch hält,
wie eine tröstende Stimme, die leise sagt:
Fürchtet euch nicht!
In Bethlehem ist für euch heute der Heiland geboren,
Jesus Christus, der Retter der Welt.
Schilder: Sage, wo ist Bethlehem?

Besinnung

2. KIND: Sage, wo ist Bethlehem?
3. KIND: Bethlehem ist dort, wo Menschen arm und verloren sind,
wo sie leben mit verschlossenen Herzen und Ohren.
2. KIND: Bethlehem, ist es bei uns?
Stille
2. KIND: Sage, wo ist Bethlehem?

3. Kind: Bethlehem ist dort, wo Menschen hungern und frieren, wo sie ausgestoßen werden und flüchten müssen, wo sie krank und einsam sind.
2. Kind: Bethlehem, ist es bei uns?
Stille
2. Kind: Sage, wo ist Bethlehem?
3. Kind: Bethlehem ist dort, wo Menschen traurig sind, in Dunkelheit und Schuld leben.
2. Kind: Bethlehem, ist es bei uns?
Kyrie-Lied: »Licht, das uns erschien.« (GL 129)

Gebet

Gott, wir feiern den Heiligen Abend, die Heilige Nacht, weil Jesus in Bethlehem geboren wurde. Durch ihn wird jede Nacht zu einer heiligen Nacht. Laß Jesus heute in uns lebendig werden. Laß ihn in uns und durch uns Mensch werden, damit Weihnachten wird auf dieser Erde. Amen.

Evangelium: Die Geburt Jesu (Lk 2,1.3-7)

Rollenspiel: *Die Schilder werden an den entsprechenden Stellen umgedreht. Szenenfolge ist nach Bedarf zu kürzen.*
Lektor: Nele schaut zu, wie die Mutter wäscht, putzt und kocht. Dann sagt sie:
Nele: Mutti, ich will nach Bethlehem zum Christkind!
Mutter: Waas willst du?
Nele: Ich will nach Bethlehem zum Christkind!
Mutter: Geh, laß mich damit in Ruhe!
Lektor: Die Tochter bleibt hartnäckig. Gereizt schaut die Mutter auf:
Mutter: Kannst du mich nicht in Ruhe lassen? Du siehst doch, daß ich im Streß stehe.
Nele: Kannst du mir denn nicht sagen, wo Bethlehem ist?
Lektor: Die Mutter stöhnt und schreit:
Mutter: Meine Güte, geh doch quer über die Straße, da findest du Bethlehem, aber laß mich damit in Ruhe!

LEKTOR: Zunächst schaut die Tochter die Mutter verständnislos an, dann denkt sie laut:

NELE: Wenn ich zum Christkind nach Bethlehem gehe, dann muß ich ihm auch etwas schenken: meine Puppe, meine Rollschuhe, einen schönen Stern aus Goldpapier.

LEKTOR: Das Mädchen packt alles ein und macht sich auf den Weg. Auf der anderen Straßenseite kommt ein Junge.

JUNGE: Wo willst du hin, Nele?

NELE: Nach Bethlehem zum Christkind!

JUNGE: Waas? – Du spinnst doch! Weißt du denn, wo Bethlehem ist?

NELE: Mutter hat gesagt: »Bethlehem ist gegenüber auf der anderen Straßenseite«.

JUNGE: Mütter sagen viel, wenn sie keine Zeit haben und ihre Kinder loswerden wollen. Am besten, man verdrückt sich da. Schau dich hier mal um! Nein, Bethlehem ist hier wirklich nicht. – Wollen wir spielen?

NELE: Nein, ich muß nach Bethlehem!

JUNGE: Willst du dir dort was schenken lassen? Vom Christkind bekommt man doch was geschenkt, nicht wahr?

NELE: Nein, ich möchte dem Christkind etwas schenken. Alle Leute rennen und jagen, daß sie viele Geschenke zusammenbekommen. Weil das Christkind von fast allen vergessen wird, will ich ihm etwas schenken.

LEKTOR: Der Junge lachte und lief fort. Nele sah schräg gegenüber ein hell erleuchtetes Haus. Davor stand ein Auto. Ein Mann mit Pelzmantel war gerade dabei, seinen Arm mit Päckchen und Paketen zu beladen. Es waren sehr viele. Nele hob ein Päckchen auf, das gerade gefallen war.

MANN: Willst du was haben?

NELE: Nein, ich habe schon alles!

MANN: Donnerwetter, das habe ich noch nie gehört. Alle wollen doch was haben. Die Frau, die Tanten, die Töchter und Schwiegertöchter, die Eltern und der Fahrer, die Putzfrau und noch viele andere.

NELE: Was haben sie sich gewünscht?

Mann: Einen ganzen Sack voll: Fahrrad, elektrische Eisenbahn, Skier, Kofferradio, Filmgerät, Pelzmantel, Seidenkleid. Und Mutti will einen neuen Wagen, einen Sportzweisitzer. Mir hängt's zum Hals raus. Immer derselbe Dreh. Spaß macht das nicht. Eigentlich sollte man … – aber das ist nichts für dich.

Nele: Und was wünschst du dir?

Mann: Ich? – Habe verdammt wenig Zeit. Man kommt nicht zu sich selber. Vor dem Fest gibt es viel zu tun. Wo gehst du hin?

Nele: Nach Bethlehem zum Christkind!

Mann: Bethlehem? – Vor meinem Haus?

Lektor: Nele ging in das nächste Haus. Eine alte Frau saß am Fenster und weinte.

Nele: Was tust du hier?

Frau: Ich warte, bis es dunkel ist.

Nele: Weshalb bist du so traurig und so allein?

Frau: Mein Mann ist gestorben. Meine Kinder sind verheiratet und haben selber wieder Kinder.

Nele: Besuchen sie dich nicht?

Frau: Manchmal! Heutzutage haben alle wenig Zeit. Und Weihnachten will man unter sich sein. Schön, daß du mich besuchst. Das ist gut für unsereins.

Lektor: Nele unterhielt sich noch eine Weile mit der alten Frau, dann ging sie weiter. Hier irgendwo mußte doch Bethlehem sein! Nele ging in ein kleines Haus mit einem schiefen Dach. Sie klopfte an verschiedene Türen, die verschlossen waren. Schließlich kam sie in ein Zimmer, wo ein Mädchen im Bett lag und in einem Buch las.

Nele: Ist hier Bethlehem?

Mädchen: Hau ab, wenn du mich verspotten willst!

Nele: Nee, sieht hier nicht nach Bethlehem aus.

Mädchen: Was willst du denn in Bethlehem?

Nele: Dem Christkind was schenken.

Mädchen: Wozu denn das?

Nele: Weil das Christkind nie etwas bekommt. Alle wollen nur etwas von ihm haben.

LEKTOR: Nele unterhielt sich mit dem Mädchen, das schon lange krank war und keine Aussicht auf Besserung hatte. Weil die Mutter arbeiten mußte, hatte es tagsüber niemanden, der mit ihm sprach oder spielte. Nele sagte beim Abschied:

NELE: Vielleicht besuche ich dich mal!

LEKTOR: Nele ging weiter. Als sie an einer anderen Schelle klingelte, schaute ein Afrikanerjunge aus dem Fenster. Seine Mutter war Toilettenfrau am Bahnhof. Manchmal half Alfonso ihr. Meistens aber war er allein. Freunde hatte er nicht. Für Spielsachen reichte das Geld nicht.

ALFONSO: Willst du mit mir spielen?

NELE: Nein, ich will nach Bethlehem!

ALFONSO: Nur weil ich schwarz bin, will niemand mit mir spielen!

NELE: Die Kinder könnten ruhig mit dir spielen. Ich werde es auch bald tun. Jetzt will ich dir schon etwas schenken.

ALFONSO: Wenn du nicht mit mir spielst, dann will ich auch nichts geschenkt haben.

LEKTOR: In einem alten Schuppen traf Nele einen Nichtseßhaften, der einsam und allein in der Kälte und Dunkelheit saß.

NELE: Ist hier Bethlehem? – Ich will nach Bethlehem!

LEKTOR: Der Mann hielt den Kopf gesenkt und schwieg. Nach einer Weile sagte er:

NICHTSESSHAFTER:
Ist ja lachhaft, aber trotzdem – willst du wirklich nach – nach – nach Bethlehem? Und du glaubst, du findest es?

NELE: Vielleicht!

NICHTSESSHAFTER:
Ja, ich meine, die Welt ist nicht gut, damals nicht und heute nicht. Ob er uns wirklich rettet, ob er wirklich alles zum Guten wendet – auch für mich?

LEKTOR: Darüber mußte Nele nachdenken. Sie nahm den Strick, den er ihr geschenkt hatte und ging weiter. Sie kam durch viele Türen und Tore ins Gefängnis. Auf einem Schemel saß ein trauriger Mann, der ganz mutlos und am Ende war.

NELE: Ist hier Bethlehem?

Gefangener: Komisch – hier Bethlehem?

Nele: Ich habe lange gesucht!

Gefangener: Und jetzt hast du es gefunden? Was willst du denn in Bethlehem?

Nele: Ich will dem Christkind etwas schenken, zum Beispiel diesen Stern aus Goldpapier.

Gefangener: Das ist ein prächtiger Stern. Schenkst du ihn mir?

Nele: Ja, aber ich dachte – ich dachte, das Christkind sieht ganz anders aus.

Gefangener: Ach so, du meinst, ich sei das Christkind? Dafür hat mich noch keiner gehalten. Wer hat dir denn verraten, daß das Christkind hier irgendwo in der Nähe ist?

Nele: Die Mutter hat gesagt: »Man muß nur quer über die Straße gehen«.

Gefangener: Und, hast du niemanden gefunden?

Nele: Doch! Eine alte Frau, die allein in der Wohnung saß, einen Mann mit vielen Geschenken, der sich nicht freuen konnte, ein Mädchen, das krank und immer allein ist, einen traurigen Mann, der im kalten Schuppen sitzt, Alfonso, mit dem niemand spielen will und dich!

Gefangener: Na, so viele Menschen und das Christkind nicht dabei? Oder sollte es doch dabeigewesen sein, und du hast es bloß nicht gemerkt?

Nele: Ich habe genau aufgepaßt!

Gefangener: Schade! Wäre gar nicht übel, wenn du es gefunden hättest. Du mußt die Augen besser aufmachen, dann erkennst du es!

Lektor: Nele ging zur Mutter zurück und erzählte ihr alles. Man muß gar nicht klug sein, um zu wissen, daß Nele wirklich in Bethlehem war und daß sie gefunden hat, was sie suchte, denn: Bethlehem ist überall!

Nach »Nele geht nach Bethlehem« von R. O. Wiemer, Steinkopf-Verlag, Stuttgart, Nr. 78

Musik – Bekenntnis

oder Lied »Jesus ist geboren in Bethlehem und überall« (T: Barth, Horst, Kränz, M: Edelkötter, Impulse-Verlag)

4. KIND: Sage, wo ist Bethlehem?

5. KIND: Bethlehem ist überall dort, wo wir die Tränen von den Augen der Traurigen abwischen.

6. KIND: Bethlehem ist überall dort, wo wir unsere Waffen niederlegen und uns verständigen.

SPRECHCHOR: Bethlehem ist überall. Bethlehem ist jetzt und hier.
Bethlehem ist jederzeit. Bethlehem ist überall.

4. KIND: Sage, wo ist Bethlehem?

7. KIND: Bethlehem ist überall dort, wo wir Streit beenden und uns die Hand zum Frieden geben.

8. KIND: Bethlehem ist überall dort, wo wir einander helfen und lieben, denn Gott ist Liebe. Wenn wir lieben, wird er neu geboren.

SPRECHCHOR: Bethlehem ist überall …

4. KIND: Sage, wo ist Bethlehem?

5. KIND: Bethlehem ist überall dort, wo wir Beleidigungen vergessen, wo wir verzeihen und geschwisterlich zueinander sind.

6. KIND: Bethlehem ist überall dort, wo wir die Wahrheit sagen und uns für das Recht der Armen und Unterdrückten einsetzen.

SPRECHCHOR: Bethlehem ist überall …

4. KIND: Sage, wo ist Bethlehem?

7. KIND: Bethlehem ist überall dort, wo wir anderen das Leid tragen helfen oder es ihnen abnehmen, wo wir unser Brot mit den Hungernden teilen.

8. KIND: Bethlehem ist überall dort, wo wir die lieben, die uns wehgetan haben, denn Gott ist Liebe. Wenn wir lieben, wird er neu geboren.

SPRECHCHOR: Bethlehem ist überall …

HERIBURG LAARMANN

Weihnachtsspiel mit Erkenntnissen

PERSONEN: Günther, Burkhard, Herr D., Frau S., Frau F., Mitarbeiter, Erzähler, Maria, Joseph, 2 Wirte, 6 Hirten, Engel, Frau (des 1.Wirts), 3 Könige

SPIELALTER: 8-14 Jahre

1. Szene: *Während der Pfarrer noch zur Gemeinde spricht, öffnet sicheine Seitentür laut und auffällig. Burkhard betritt mit Günther die Bühne. Er muß Günther hinter sich her in die Kirche schleifen, da dieser nicht freiwillig mitkommen will. Die beiden Frauen, Herr D. und später auch Günther und Burkhard sitzen seitlich.*

GÜNTHER: »Hör auf! Ich brauch da nicht mehr reingehen. Ist doch eh jedes Jahr das gleiche. Krippenspiel, ein bißchen Gesinge, ein bißchen Gebete und die Bescherung gibt's immer erst hinterher. Das hat mich als Kind immer schon genervt, daß ich solange auf die Bescherung warten mußte.«

BURKHARD: »Günther, du könntest mir den Gefallen tun. Ich würde mich nämlich freuen. Außerdem ist für mich das Weihnachtsspiel jedes Jahr wieder was Besonderes.«

GÜNTHER: »Ob du's glaubst oder nicht. Ich habe es jetzt schon 40 mal gesehen. Es ist immer das gleiche. Ich habe ja selbst schon den Joseph spielen müssen. Ja und, was war ...? Keines von den blöden Mädchen wollte mehr die Maria machen.«

BURKHARD: »Und seitdem hast du einen Haß auf' Weihnachtsspiel? Oder wie?«

GÜNTHER: »Nee aber ...«

BURKHARD: »Na also! Jetzt setz dich halt endlich hin, ich glaub die haben schon angefangen.«

FRAU F.: Machen Sie immer so einen Krach, wenn Sie eine Kirche betreten? Unmöglich sowas!!! Sie müssen nämlich wissen, meine Tochter spielt auch mit. Aber ich nehm an, das interessiert sie überhaupt nicht.«

Frau S.: »Joh, Claudia! Das wird die net interssieren. Außerdem hat deine Christina doch auch nur eine ganz kleine Rolle. Mein Sohn spielt den Joseph. Der hat eine Hauptrolle.«

Frau F.: »Joh, Beate! Der Rüdiger ist ja auch schon 13 Jahre alt. Wenn meine Christina erstmal in dem Alter ist, da spielt die auch größere Rollen.«

Frau S.: »Denk ich ja auch. Mein Rüdi ist ja nächstes Mal schon gar nicht mehr dabei. Na ja, da können wir an Weihnachten endlich mal daheim bleiben und müsen net in die Kirche gehen.«

Herr D.: »Jetzt reicht es mir aber wirklich. Wenn Sie alle mal still sein würden, könnten die längst angefangen haben. Ist doch klar, je schneller die anfangen, desto schneller sind die auch wieder fertig. Ich will heim und mit meinen Nachbarn heute nacht so richtig Weihnachten feiern.«

Günther: »Joh, ist ja gut. Darf man bei euch in der Kirche eigentlich rauchen? Ich würde mir nämlich ganz gerne ein Pfeifchen anzünden.«

Burkhard: »Ruhe jetzt! Die sind doch schon mittendrin.«

Günther: Mittendrin!? Schön, da hab ich schon die Hälfte hinter mir.«

Burkhard.: *Schaut Günther nur böse an.*

Mitarbeiter: »Ruhe jetzt da vorne. Die Kinder wollen weitermachen. Streiten könnt ihr auch nach dem Gottesdienst.«

2. Szene: *Das richtige Weihnachtsspiel beginnt. Die beiden machen es sich neben den anderen dreien gemütlich. Während Burkhard gespannt zuhört, sieht Günther eher gelangweilt aus.*

Die Kinder beginnen:

Erzähler: Kaiser Augustus, der schon lange seine Statthalter im Verdacht hatte, daß sie ihm zu wenig Steuergelder überbrächten, hatte endlich eine Idee, wie er solchen Betrügereien entgehen könnte. Er ordnete eine Volkszählung an und bestimmte, daß alle Männer zurück in den Ort ihrer Geburt zu gehen haben, um sich dort mitsamt ihrer ganzen Familie zählen zu lassen.

Für das junge Ehepaar Maria und Joseph bedeutete das eine lange und beschwerliche Wanderung. Und zu allem Elend kam noch, daß Maria hochschwanger war und kurz vor der Geburt stand. Dennoch machten die beiden … nein, Entschuldigung … die drei sich auf den Weg von Nazareth nach Bethlehem.«

Maria und Joseph betreten die Bühne. Gezeichnet von einer langen und harten Wanderung kommen sie endlich hinein nach Bethlehem.

JOSEPH: »Maria, kannst du noch, mein Schatz? Wir sind gleich da. Ich besorg uns nur noch ein Quartier für die Nacht. Du mußt dich unbedingt hinlegen. Denkst du, du hälst noch durch bis wir wieder in Nazaret sind?«

FRAU S.: »Da!!! Das ist mein Sohn.«

FRAU F.: »Toll, also ich hätte ihn nicht erkannt. Kein Wunder, er ist ja auch endlich mal vernünftig angezogen. Und gewaschen hat er sich offensichtlich auch. Er wirkt richtig blaß.«

FRAU S.: »Pah, du bist ja bloß neidisch, daß deine Tochter nur so einen lächerlichen Hirten spielt.«

FRAU F.: »Die Hirten sind nicht lächerlich. Schließlich ist denen der Engel erschienen.«

HERR D.: »Wenn sie jetzt nicht gleich den Mund halten, dann dreh ich durch … Ist das klar?«

GÜNTHER: »Sie haben recht. Man verpaßt ja die Hälfte. Lieber Joseph, könntest du die Szene nochmal anfangen lassen.«

HERR D.: »Nochmal anfangen!? Ich brech gleich zusammen.«

JOSEPH: *(Sagt nochmal genau das gleich wie oben!)*

MARIA: »Nein. Lange wird's nicht mehr dauern. Das fühle ich genau.«

JOSEPH: »Da hinten ist ein Gasthof. Da frage ich mal!«

1.WIRT: *(Zählt schon die ganze Zeit sein Monopolygeld)*
»Wow, diese Volkszählung ist echt der Preisknaller. Die Übernachtungskosten habe ich verfünffacht und trotzdem ist die Bude noch voll. Was kommen denn da für zwei Gestalten rein? Hey, hier ist aber kein Platz mehr für euch. Meine Herberge ist randvoll bis obenhin.«

JOSEPH: »Bitte, mein Herr, nur für eine Nacht. Meine Frau ist hochschwanger und kann nicht mehr. Nur ein kleiner Zimmer. Ich flehe euch an.«

1.WIRT: »Ich sagte doch, die Herberge ist voll. Schert euch weg, sonst rufe ich die Polizei.«

Enttäuscht ziehen Maria und Joseph ab. Maria versucht, Joseph zu trösten.

MARIA: »Mach dir keine Gedanken, Gott wird sich schon um uns kümmern. Er wird uns schon ein warmes Plätzchen besorgen.«

JOSEPH: »Sicher hast du recht. Da schau! Da ist noch eine andere Herberge in der noch Licht brennt. Herr Wirt, haben sie noch ein kleiner Zimmer frei, für meine schwangere Frau und mich?«

2.WIRT: »Tut mir leid, ich bin voll ausgebucht. Wenn noch mehr Leute ankommen, muß ich die vermutlich im Stall unterbringen, so überfüllt bin ich. Versuchen Sie es am besten noch mal in anderen Herbergen.«

JOSEPH: »Sie haben gesagt, der Stall wäre noch frei? Bitte, dann lassen sie uns da übernachten. Das macht uns doch nichts aus. Hauptsache, wir haben endlich ein Dach über dem Kopf. Gott wird euch segnen.«

2.WIRT: »Da habe ich viel von. Aber, na gut, wenn es ihnen nichts ausmacht. Aber der Preis bleibt der gleiche! Folgen sie mir!«

ERZÄHLER: «Tja, und so kam es, daß der Heiland der Welt, der Sohn Gottes unseres Herrn in einem ärmlichen Kuhstall geboren wurde, weil kein Mensch so gnädig war, ihm ein Bett zu bieten.«

Die Akteure verlassen die Bühne.

3. Szene:

GÜNTHER: »Das gibt es doch nicht. Mir wird erst jetzt klar, wie unendlich gemein das alles ist. Eine schwangere Frau bittet um Hilfe und wird abgelehnt. So etwas Herzloses« Und der zweite Wirt ist doch eigentlich genauso schlimm. Bringt die im Kuhstall unter. Waren alle Menschen damals so?«

BURKHARD: »Warum nur damals? Wir sind doch im Grunde immer noch so. Ich nehme mich da nicht aus. Ich könnte viel mehr teilen und abgeben, als ich das tue. Trotzdem denke ich die meiste Zeit nur an mich. Es ist nur gut, daß unser Gott ein vergebender Gott ist und egal, wieviel wir falsch machen, er will uns immer noch bei sich haben. Günther, wenn das kein Angebot ist!«

GÜNTHER: »Tja, nicht schlecht. Wenn meine Frau genauso wäre, hätte ich weniger Ärger, aber die ist furchtbar nachtragend.«

BURKHARD: »Ja, aber deine Frau liebt dich, die wird dir immer wieder verzeihen, wenn du sie nur um Verzeihung bittest. Genauso ist es mit Gott. Nur mit dem Unterschied, daß er dich noch viel mehr liebt als deine Frau das je könnte. Ist doch stark, wenn man sich so auf jemanden verlassen kann, oder nicht?«

GÜNTHER: »Du hast recht. Und Maria und Joseph haben sich voll auf ihn verlassen. Sie waren sicher, sie bekommen ein Quartier, und sie haben auch eins bekommen. Langsam kapiere ich, warum du unbedingt wolltest, daß ich mitkomme.«

FRAU F. »Komische Vögel. Die fangen an, sich Gedanken über das Weihnachtsspiel zu machen.«

FRAU S.: »Laß sie doch. Wenn sie nichts Besseres zu tun haben. Obwohl, ich fand meinen Rüdi echt gut. Wie überzeugend der das schon rüberbringt mit seinen 13 Jahren.«

FRAU F.: »Kannst du nicht auch mal an was anderes denken als an deinen tollen Rüdi. Jetzt gleich kommt die Szene mit den Hirten.«

HERR D.: »Hoffentlich bald. Das dauert mir alles viel zu lange!

GÜNTHER: »Psssssst! Die Kinder kommen rein.«

4. Szene: *Das Spiel geht weiter. Nun schauen alle Hauptpersonen gebannt dem Spiel zu. Na ja, Herr D.schaut ein bißchen mißmutig.*

ERZÄHLER: »Zur gleichen Zeit, in der Maria und Joseph endlich ein Quartier gefunden hatten, legten sich auch die Hirten auf dem Feld zur Ruhe. Sie waren furchtbar müde und geschafft von einem harten Tag.

1.HIRTE: »Mensch, was war das wieder für ein Tag. Mein Rücken macht mir immer mehr zu schaffen. Mein ganzes Leben lang bin ich jetzt schon Hirte, ich habe nie etwas anderes kennengelernt als Armut. Ich habe keine Probleme damit arm zu sein. Aber es tut mir weh, wenn ich von den Römern als wertlos verspottet werde. Ich bin genauso ein Mensch wie sie.«

2. HIRTE: »Du hast recht. Es müßte ein König kommen. Mächtiger noch als David es war. Er müßte kommen, die Römer vertreiben und aller Not ein Ende machen. Das ist unsere Hoffnung.«

3. HIRTE: »Ich habe keine Hoffnung mehr. Ich bin alt und werde bald sterben. Ich würde mir wünschen, daß er auch den Tod besiegen kann und uns allen ewiges Leben bringen wird.«

FRAU F: »Da!!! Das ist meine Tochter, ist sie nicht großartig.«

FRAU S.: »Joh, als alter Hirte macht sie sich nicht schlecht. Weiß sie schon, was sie später beruflich vorhat?

HERR D: »RRRRUUUUUUHHHHHHEEEEEEE!!!!!«

4. HIRTE: »Ja das wünschen wir uns doch alle. Einen Messias, der alle Probleme löst. Sowas gibt es doch nicht wirklich. Hey, was ist das. Es wird auf einmal so hell, so als wenn es Tag wäre.«

ENGEL: »Ich habe eine gute Nachricht für euch Hirten. Euch ist heute ein Kindlein geboren. In einem Stall in Bethlehem ist euch heute ein König geboren. Es ist der Herr Christus, unser Gott. Er will euer Heiland sein und euch führen aus aller Not. Er ist der Friedefürst und wer ihm sein Leben schenkt, wird Ewiges Leben zum Geschenk erhalten.«

5. HIRTE: »Das muß ein Engel gewesen sein. Habt ihr gehört, was er gesagt hat. Uns ist der Heinald geboren.«

6. Hirte: »Und er ist der Friedefürst, er wird uns alle erlösen.«

1. Hirte: »Kommt, wir wollen uns auf den Weg machen und ihn suchen.«

2. Hirte. »In einem Stall hat der Engel gesagt. In Bethlehem. Kommt laßt uns ihn suchen.«

Szene 5:

Günther: »Gar nicht schlecht. Die folgen jetzt einfach dem Stern und dann finden sie ihren geliebten König. Aber wie ist das nochmal mit dem Versprechen von dem Engel. Wer Jesus Christus sein Leben schenkt, erhält als Gegengabe das Ewige Leben. Gilt dieses Versprechen eigentlich heute auch noch?«

Burkhard: »Natürlich. Das ist doch auch noch heutzutage das, was einen Christen ausmacht, daß er Jesus sein Leben gegeben hat. Natürlich mußt du auch danach leben. Das ist ja klar. Aber das Versprechen ist noch immer genau das gleiche.«

Frau F.: »Und warum tun es dann nur so wenig Leute? Ich meine, eigentlich müßte dann doch jeder sofort Christ werden wollen, oder?«

Burkhard: »Weil die meisten Leute immer noch zu denken scheinen, sie müßten wer weiß was für Opfer bringen. Aber das stimmt gar nicht.«

Herr D.: »Was für ein faszinierendes Gespräch, aber könnten sie jetzt wieder still sein. Es geht nämlich weiter.«

6. Szene:

1. Wirt: »Oh, was sehe ich dann da. Schau Dir das an, Weib. Da kommen die drei reichsten Männer, die ich je getroffen habe. Sie sind angezogen wie Könige. Wenn ich die hier aufnehme, mache ich einen riesigen Haufen Geld.«

Günther: »Geldgieriger Schnösel!«

Frau: »Aber wo wollen wir die denn noch unterbringen, es ist doch schon alles voll bis unter das Dach. Wir haben nun mal nicht mehr Platz …«

1. WIRT: »Dann legen wir halt noch ein paar andere Gäste zusammen. Wo ein Wille ist, ist auch ein Weg. Für die paar Tage muß das jetzt gehen.«

1. KÖNIG: »Wir sind von sehr weit her angereist, weil wir den Stern am Himmel endeckt haben. Er hat uns den Weg gezeigt in diese Stadt.«

2. KÖNIG: »Heute nacht soll hier ein König geboren sein. Der König aller Völker.«

3. KÖNIG: »Wir haben Geschenke für ihn mitgebracht und wollen vor ihm niederknien und ihn anbeten.«

1. WIRT: »Ein König soll hier geboren sein. Davon weiß ich nichts.«

Die Hirten kommen herein und stellen sich dazu!

3. HIRTE: »Doch! Er soll heute nacht geboren sein. Uns ist auf dem Feld ein Engel erschienen. In einem Stall in Betlehem soll heute nacht der Sohn Gottes, der König aller Völker geboren sein.«

1. WIRT: »In einem Stall??? Natürlich!!! Und euch bettelarmen Hirten, die ihr wirklich der gesellschaftliche Abschaum seid, ist ein Engel erschienen. Natürlich!!! Und Elefanten können fliegen.«

4. HIRTE: »Wenn ihr es nicht glaubt, dann bleibt halt hier. WIR gehen ihn jedenfalls suchen!«

7. Szene:

GÜNTHER: »Oh dieser Wirt. Der ist ja schlimmer als die Polizei erlaubt. Der tut ja so, als wisse er alles, könne er alles und als wäre er sowieso immer im Recht.«

BURKHARD: »Ja, genau wie du eben. Du warst keinen Deut besser!«

FRAU S.: »Ach lassen sie ihn doch in Ruhe. Der Wirt ist doch wirklich schlimm. Außerdem ist es der Sohn von der Brigitte. Was wollen Sie da schon erwarten.«

FRAU F.: »Ja, ja, die Brigitte. Die soll ja schon wieder einen neuen Mann im Haus haben. Also, manche Leute haben einen Verschleiß, sag ich immer.«

GÜNTHER: »Jedenfalls war ich nicht so schlimm wie die beiden da. Außerdem, Burkhard, beginne ich langsam einzusehen, was für ein Esel ich war.«

8. Szene:

5. HIRTE: » Kommt alle her zum Kind in der Krippe und betet es an.«

1. KÖNIG: »Endlich sind wir am Ziel. Unsere lange Reise hat endlich ein Ende.«

2. KÖNIG: »Ja, und der Stern hat uns wunderbar geführt und sicher ans Ziel gebracht.«

3. KÖNIG: »Nun haben wir doch noch den Frieden gefunden, den wir so lange gesucht haben. Laßt uns ihm unsere Geschenke geben.«

6. HIRTE: »Ich habe keine Reichtümer wie Weihrauch, Gold und Myrrhe, ich habe nur mein Leben, das ich ihm geben kann, aber das gebe ich ihm gerne.«

9. Szene:

BURKHARD: »Tja, Günther, Das war's. Wie hat es dir gefallen?«

FRAU F.: »Na, fantastisch natürlich. Schließlich hat meine Tochter mitgespielt.«

FRAU S.: »Deine Tochter. Deine Tochter. Mein Sohn Rüdi war die wahre Attraktion. Hach, er war toll.«

BURKHARD: »Manche lernen es nie. Es geht doch nicht darum, wie toll ihre Kinder gespielt haben. Es geht um die Geschichte, die erzählt worden ist.«

GÜNTHER: »Ja, genau. Mensch Burkhard. Ich glaub, ich habe gerade zum ersten mal kapiert, was Weihnachten wirklich bedeutet. Wie sollen uns freuen über die Geburt Jesu, einfach nur freuen. Gott selbst schickt seinen Sohn zur Erde und läßt ihn als den Ärmsten der Armen in einem Stall zur Welt kommen. Burkhard, das ist doch das großartigste Geschenk, das Gott uns machen konnte. Er erniedrigt sich selbst auf unser Niveau, und kaum einer scheint das zu bemerken. Guck dich doch mal um! Ein paar sind nur da, weil ihre Kinder mitspielen, andere weil sie schon seit Jahren jedesmal hier herkommen. Glaubst du, die kennen die Botschaft schon? Burkhard, merken die wirklich, was los ist? Ich würde mir so wünschen, daß noch mehr Leute heute abend Gottes Nachricht verstanden haben und ihr erstes richtiges Weihnachtsfest erleben können, so wie ich es heute erlebe …“

Dennis Blöcher

Das Darmsheimer Krippenspiel

PERSONEN: Bastian, Matthias, Claudia, 3 Straßenkinder, Anika, 3 Gang-Mitglieder, Kind im Rollstuhl, 2 Kinder am Wegrand, Alte Frau, Engel 1, Engel 2

SPIELALTER: 8-12 Jahre

1. Szene: *(Matthias läuft mit zwei großen Kalendern von einer Seite der Bühne zur anderen. Man sieht ihm die Langweile regelrecht an! Von der anderen Seite kommt dann Bastian mit einem Rucksack voller Spiele etc. auf die Bühne und schaut Matthias erstaunt an.)*

BASTIAN: He, was machst du denn da?

MATTHIAS: Ach, ich langweile mich. Meine Mutter ist gerade beim Friseur, mein Vater auf Geschäftsreise, meine Klassenkameraden wohnen alle in einem anderen Stadtteil, und ich langweile mich.

BASTIAN: Und wozu hast du die zwei Bücher unterm Arm?

MATTHIAS: Das sind die Terminkalender von meinen Eltern, damit ich wenigstens weiß, wo sie sind. *(Schlägt das eine Buch auf)* Z.B. heute: Papa fliegt um 8.00 Uhr nach Frankfurt; dort hat er eine Besprechung; 13.00 Uhr Flug nach Hamburg; wieder eine Besprechung; Abendessen mit Kunden usw.
(Schlägt das andere Buch auf) Mamma war heute morgen im Geschäft, heute mittag beim Tennis. Gerade ist sie beim Friseur, und nachher geht sie Kartenspielen!
Soll ich dir auch noch sagen, was morgen los ist?

BASTIAN: Um Himmels willen! Das reicht schon. Aber mir geht's ganz ähnlich: Schau dir meinen Riesen-Rucksack an: Computer-Spiele, Gesellschaftsspiele, Bälle – alles drin. Ich hab alles, was man gerade so spielt. Ich war schon in allen möglichen Vereinen, hab' alles ausprobiert – und trotzdem, irgendwie find ich alles mittlerweile langweilig.

(Von der anderen Seite kommt nun Claudia auf die Bühne. Sie hat eine Video-Cassette und eine Fernsehzeitschrift unter dem Arm.)

CLAUDIA: Was seid denn ihr für zwei trübe Tassen? Ihr steht da ja, als wäre die Welt gerade zusammengebrochen!

MATTHIAS: Tja, wir langweilen uns. Meine Eltern sind ständig unterwegs. Und ihm machen seine Spiele keinen Spaß mehr. Hast du vielleicht 'ne Idee?

CLAUDIA: Ohje! Langeweile. Das kenn' ich nur allzu gut! Jeden Tag Fernsehen. 26 Programme. Hunderte von Video-Cassetten. Mittlerweile kenne ich fast alle Filme. Und kommt mal ein neuer, dann ist er so ähnlich wie irgendein anderer und deshalb trotzdem wieder langweilig.

BASTIAN: Irgendwie haben wir drei nicht unbedingt das Glück gepachtet. Wenn ich mal was tun könnte, was mich so richtig zufrieden machen würde ...

MATTHIAS: Da wäre ich auch sofort dabei.

CLAUDIA: Wartet mal! Da fällt mir etwas ein: eine Geschichte, die ich letzhin mal in einem Buch von meinen Eltern gelesen habe. Paßt auf! Im Morgenland lebten einmal drei Könige, denen es ganz ähnlich ging wie uns. Sie waren reich, hatten viele Spiele usw.. Aber es war ihnen oft langweilig, und sie waren deshalb unzufrieden. Bis eines Tages einer von ihnen in einem schlauen Buch las, daß demnächst ein Stern am Himmel erscheinen würde. Wer diesem Stern folgt, findet ein kleines Kind, einen kleinen König, der allen Menschen zeigen kann, wie sie glücklich und zufrieden sein können.

BASTIAN: Das wäre eine Sache. Wenn wir diesen Stern bloß finden könnten ...

(Stern leuchtet auf!)

MATTHIAS: Schaut mal dort oben! Vielleicht ist das ja der Stern!

CLAUDIA: Kommt, sofort hinterher. Wir dürfen ihn nicht aus den Augen verlieren.

BASTIAN: Wie heißt ihr überhaupt? Ich heiße Bastian!

MATTHIAS: Matthias!

CLAUDIA: Und ich bin Claudia! Aber jetzt laßt uns keine Zeit mehr verlieren!

LIED: »Da war im Dunkeln ein helles Funkeln«

2. Szene: *(Die drei kommen mit Rucksäcken und Schlafsäcken auf dem Rücken auf die Bühne. Der Stern leuchtet über einem Haus.)*

CLAUDIA: Also, Basti, das war eine prima Idee von dir, unsere Schlafsäcke und Proviant einzupacken. Wer weiß, wie lange unsere Reise dauert.

MATTHIAS: He, Leute, der Stern ist da vorne stehen geblieben.
Ob wir wohl schon da sind? Kommt, wir klopfen mal in dem Haus an.
(Bastian geht voran und klopft an. Zwei Kinder kommen aus dem Haus.)

BASTIAN: Hallo, wir sind auf der Suche nach einem kleinen König. Sind wir da bei euch richtig?

1. KIND: Ein König, schön wär's Da seid ihr bei uns ganz falsch. Wie herrlich wäre es, wenn wir einen König in der Familie hätten. Dann wär's nicht so traurig bei uns zuhause.

CLAUDIA: Wieso? Was macht euch so traurig?

2. KIND: Unser Vater ist gerade arbeitslos. Deshalb haben wir nicht viel Geld. Unsere Mutter hat uns gestern gesagt, daß wir dieses Jahr einmal auf unsere Weihnachtsgeschenke verzichten müssen, damit das Geld für die Miete noch reicht.

BASTIAN: Das ist wirklich traurig. Aber paßt auf, ich hab da eine Idee. Ich kann zwar eurem Vater keine neue Arbeitsstelle besorgen, aber ein paar Weihnachtsgeschenke habe ich in meinem Rucksack. Zwei tolle Spiele für euch und eines, das ihr eueren Eltern schenken könnt.
(Bastian holt die drei Spiele heraus und gibt sie den Kindern.)

1. KIND: *(schaut sich das eine Spiel an)* Mensch, toll! Dieses Spiel habe ich mir schon immer gewünscht.

2. KIND: Vielen Dank! Da werden sich unsere Eltern aber freuen, wenn doch etwas unter dem Weihnachtsbaum liegt. Wir werden die Spiele richtig als Geschenke verpacken.

1. Kind: Ich könnt Euch küssen!

Matthias: Ach, laß mal. Das ist wirklich nicht nötig. Außerdem sehe ich gerade, daß unser Stern weitergezogen ist. Wir müssen also weiterziehen. Euch ein schönes Weihnachtsfest!

Beide Kinder: Tschüß! Und vielen Dank!

Alle: Tschüß!

(Die beiden Kinder verschwinden im Haus. Claudia, Bastian und Matthias ziehen weiter und treffen schließlich auf ein Lagerfeuer, an dem drei Kinder sitzen. Dort bleibt der Stern stehen.)

Claudia: Schaut, da über dem Lagerfeuer bleibt der Stern stehen. Ob da dieser neugeborene König ist ... Ich hab' ja so meine Zweifel!

1. Kind: Hallo, wer seid denn ihr?

Bastian: Wir sind drei Forscher auf der Suche nach dem Glück. Wir folgen einem Stern, um einen neugeborenen König zu finden. Ist er etwa bei euch?

2. Kind: Du bist vielleicht komisch! Bei uns ein König, bei den Straßenkindern von Rio. Wir haben nicht einmal ein Dach über dem Kopf und frieren fast jede Nacht. Bei uns findest du ganz sicher keinen König.

3. Kind: Wenn es Nacht wird, ziehen immer Banden durch die Gegend, die uns nicht leiden können. Erst letzte Woche haben sie einen Freund von uns kaltblütig umgebracht.

1. Kind: Einen König könnten wir gut gebrauchen. Einen König, der uns beschützt.

2. Kind: Oder einen König mit einem großen Palast, in dem wir in Ruhe schlafen können und nicht mehr frieren müssen!

3. Kind: Oder einen König mit einem Supermarkt, in dem wir uns mal wieder so richtig vollessen können!

Matthias: Könige sind wir zwar nicht, aber so dringend wie ihr brauchen wir unsere Schlafsäcke nicht. Ich hoffe ja, daß wir bald da sind. Also nehmt doch einfach unsere Schlafsäcke. Dann habt ihr es warm bei Nacht!

1. Kind: Mensch, super!

Claudia: Hier habt ihr noch etwas von unserem Proviant, damit ihr euch wenigstens heute mal richtig satt essen könnt!

2. Kind: Prima! Vielen Dank!

3. Kind: Ich möchte euch auch etwas schenken: drei Freundschaftsbänder, die ich selbst gebastelt habe. Sie sollen euch an uns erinnern und daran, daß wir eure Freunde sind.

Bastian: Toll, so eins habe ich noch nie bekommen. Vielen Dank! *(Die drei lassen sich die Freundschaftsbänder um die Handgelenke binden und verabschieden sich.)*

Lied: »Heller Stern in der dunklen Nacht« *1. und 2. Strophe*
(Die drei ziehen weiter und treffen auf ein Kind, das traurig am Boden sitzt. Der Arm des Mädchens ist geschient.)

Matthias: Hallo! Wer bist du!

Anika: Ich heiße Anika und komme aus Bosnien.

Claudia: Da ist doch dieser fürchterliche Krieg.

Anika: Ja, da hast du recht. Er ist wirklich fürchterlich. Vor ein paar Wochen erst bin ich von dort geflüchtet. Eine Kugel hat mich am Arm getroffen. *(Zeigt ihren verbundenen Arm)* Aber meine Eltern wurden in dem Kugelhagel getötet, und jetzt bin ich allein. *(Legt ihren Kopf in die Arme)*

Bastian: *(Nach einer Weile Schweigen)* Das tut uns leid. *(Er beugt sich zu Anika nieder und nimmt sie in den Arm.)* Komm doch mit uns. Wir wollen deine Freunde sein. Dann brauchst du nicht mehr allein sein!

Anika: Wollt ihr mich wirklich mitnehmen?

Matthias: Na klar! Wir sind übrigens auf der Suche nach einem kleinen König, der allen Menschen zeigen kann, wie sie glücklicher werden. Vielleicht findest ja auch du dort wieder ein wenig Glück.

Anika: Gut, ich gehe mit euch.
(Die vier ziehen weiter, bis sich ihnen eine Straßen-Gang mit Lederjacken in den Weg stellt.)

1. Gang-Mitglied:
He, ihr da! Was sucht ihr hier in unserem Revier?

Matthias: Wir suchen einen König.

(Die Straßen-Gang bekommt einen Lach-Anfall. Dann geht einer auf Matthias zu, hält ihm die Faust unter die Nase.)

2. GANG-MITGLIED:
Junge, merk dir das. Hier sind wir die Könige. Und wer aufmuckt, kriegt Prügel!

ANIKA: *(tritt mutig vor)* Ich finde dich aber gar nicht so furchterregend. Ich habe das Gefühl, daß ihr selbst Angst habt und nur deshalb so stark tut.

3. GANG-MITGLIED:
Kleine, du bist aber ganz schön mutig. Keine Angst vor Schlägen?!

ANIKA: Nein! Ich habe viel Schlimmeres als ihr erlebt. Hier schaut meinen Arm an. Eine Kugel hat ihn im Krieg getroffen. Ich weiß, wie Soldaten ausehen. Ihr seht so aus, als wärt ihr eigentlich ganz nett, aber weil euch alle ärgern, müßt ihr eure Wut an Schwächeren rauslassen.

1. GANG-MITGLIED:
Werd' ja nicht frech! *(geht drohend auf Anika zu!)*

2. GANG-MITGLIED:
(geht dazwischen) Halt! Eigentlich hat sie doch recht. Ist es nicht so? Du hast ständig Ärger mit Deinem Alten zuhause, der dich im Suff verprügelt. Und uns beiden geht's auch nicht viel anders. Wenn wir uns vor unserem Hochhaus treffen wollen, kommt ständig der Hausmeister und jagt uns weg.

3. GANG-MITGLIED:
Ja, ich finde auch, daß sie nicht unrecht hat. Wenn wir nicht ständig einen auf den Deckel bekommen würden, würden wir die Schläge auch nicht weitergeben.

CLAUDIA: Mensch, auf einmal find' ich euch auch ganz okay. Ihr seid in Wirklichkeit gar keine Schlägertypen.

BASTIAN: Darauf gibt's 'ne Runde Schokoriegel. Langsam krieg ich nämlich Kohldampf.

(Er teilt die Schokoriegel an alle aus.)

ANIKA: Schaut mal, der Stern zieht weiter!

Matthias: Dann müssen wir gehen. Schade, wo wir euch langsam nett finden.

1. Gang-Mitglied: Mensch, das hat noch niemand zu mir gesagt, daß er mich nett findet.

2. Gang-Mitglied: Ja, das tut uns gut. Sonst jagen die Leute uns entweder weg, verprügeln uns oder sie haben Angst vor uns, weil wir sie verprügeln könnten.

3. Gang-Mitglied: Macht es gut auf Euerm Weg! Wir denken an Euch. Vielleicht könnt ihr uns dann mal von diesem König erzählen.

(Die vier ziehen weiter. Diesmal bleibt der Stern über einem Haus stehen.)

Claudia: Also langsam könnten wir den König ja mal finden.

Bastian: Find ich auch! Aber schaut, dort über dem Haus ist der Stern stehen geblieben.

Matthias: Ich klopfe mal!

(Matthias klopft. Es kommt ein Kind in einem Rollstuhl aus dem Haus.)

Matthias: Hallo! Wohnt bei Dir vielleicht ein neugeborener König!

Kind: Ein neugeborener König? Nein, nicht daß ich wüßte. Aber wenn hier einer wohnen würde, wäre ich froh. Vielleicht könnte ich mit ihm spielen.

Bastian: Hast du denn niemand zum Spielen?

Kind: Ich habe keine Geschwister. Und mit meinem Rollstuhl komme ich einfach nicht zu anderen Kindern. Deshalb bin ich meistens allein zuhaus!

Claudia: Oh, das kenne ich gut. Ich bin auch oft allein zuhaus und langweile mich. Weißt du was, ich komme dich nächste Woche besuchen. Und dann erzähle ich dir, wie die Suche nach dem kleinen König weitergegangen ist.

Kind: Das wäre toll. Kommt mich doch alle einmal besuchen!

Alle: Klar, machen wir!

Anika: Vielleicht können wir den kleinen König sogar mitbringen.

Bastian: He, da fällt mir auf, daß unser Stern schon dort hinten ist. Wir müssen weiter. Also, bis nächste Woche.

Alle: Tschüß!

Lied: »Heller Stern in der dunklen Nacht« *3.Strophe*
(Die vier marschieren weiter und treffen auf zwei Kinder, die traurig am Weg sitzen.)

Anika: Hallo ihr beiden! Warum sitzt ihr denn so traurig da?

1. Kind: Ach, unsere Eltern streiten sich ständig.

2. Kind: Heute haben sie sich angebrüllt, daß sie sich scheiden lassen wollen und haben das halbe Porzellan zerschmissen!

1. Kind: Da weiß man gar nicht mehr, was man machen soll. Sie streiten sich nur noch. Wenn sie sich doch wenigstens mal gegenseitig zuhören würden.

2. Kind: Manches Problem wäre so einfach zu besprechen. Aber sie schreien immer aneinander vorbei!

1. Knd: Dabei hätten wir es so gerne, daß sie sich wieder vertragen würden.

2. Kind: Wir wollen nicht, daß sie sich scheiden lassen!

Matthias: Ich hab' da eine Idee. *(Holt eine Glaskugel hervor und gibt sie den beiden)* Schenkt diese Glaskugel Euren Eltern und sagt ihnen, daß es eine Zuhör-Kugel sei. Immer der, der sie in seiner Hand hält, darf nicht sprechen und muß dem anderen zuhören.

Claudia: *(Hat sechs Seidenblumen in der Hand)* Und hier habt ihr noch sechs Blumen. Schenkt beiden jeweils drei davon. Bevor eure Eltern miteinander reden, sollen sie sich gegenseitig die Blumen schenken. Und zu jeder Blume sollen sie etwas sagen, was sie am anderen mögen.

Bastian: Und wenn sie sich gar nicht gut miteinander unterhalten können, sollen sie sich jemand suchen, der ihnen dabei hilft!

1. Kind: Das sind wirklich gute Tips, die ihr uns da gebt. Hoffentlich helfen sie!

2. Kind: Ja, aber wenigstens haben wir jetzt wieder einen Hoffnungsschimmer. Vielen Dank.

Alle: Tschüß! Macht es gut!

(Die vier ziehen weiter und gelangen an ein Haus, über dem der Stern nun steht.)

MATTHIAS: Jetzt könnten wir aber langsam da sein. Schaut, über dem Haus dort ist der Stern stehengeblieben.

(Sie klopfen. Eine alte Frau tritt aus dem Haus.)

ALTE FRAU: Hallo, Kinder! Was möchtet ihr denn von mir?

ANIKA: Wir sind auf der Suche nach einem neugeborenen König!

ALTE FRAU: Ach, Kinder, diese Geschichte kenne ich aus meiner Bibel nur allzu gut. Ihr sucht das Christkind, das in einer Krippe in Betlehem geboren wurde. Das ist vor langer Zeit passiert. Und jedes Jahr Weihnachten erinnern wir uns daran. Und ihr seid auf der Suche nach dem Christkind?

ANIKA: Ja, wir folgen dem Stern dort oben. Er soll uns zum Christkind führen.

ALTE FRAU: Ja, da geht es euch so wie den Hl. Drei Königen – Caspar, Melchior und Balthasar. Auch die sind einem Stern gefolgt, bis sie das Kind in der Krippe gefunden haben. Nun, bevor ihr weitersucht, könnt ihr doch ein wenig Rast bei mir machen. Ich habe gerade einen Tee gekocht!

ALLE: Oh, prima!

(Die alte Frau holt ein Tablett mit einer Teekanne, Tassen und Plätzchen heraus. Alle bedienen sich, essen und trinken.)

ALTE FRAU: Ach, das ist schön, Kinder, daß ihr bei mir sein. Ich bin oft tagelang allein und habe niemanden, mit dem ich mich unterhalten kann. Das ist ein einsames Leben, das ich führe. Und nun kann ich nicht einmal mehr einkaufen gehen. Wenn ich meinen Nachbarn bitte, mir etwas mitzubringen, tut er es zwar, aber nur mit einem mürrischen Gesicht. Ich traue mich gar nicht mehr, ihn zu fragen.

MATTHIAS: Ich könnte doch für sie einkaufen. Sie schreiben einen Einkaufszettel und ich komme jede Woche vorbei, um alle Einkäufe zu erledigen. Und wenn ich mal nicht kann, dann macht es sicherlich jemand von den drei anderen.

ALTE FRAU: Würdet ihr das wirklich für mich tun?

ALLE: Ja, natürlich!

ALTE FRAU: Da freue ich mich aber. Dann werde ich jedesmal einen Tee machen wie heute, damit wir uns ein wenig unterhalten können und ich nicht mehr so allein bin.

ANIKA: *(lacht)* Dann müssen wir uns ja richtig mit Matthias streiten, wer einkaufen darf!

ALTE FRAU: (*laucht auch)* Na, so schlimm wird' s ja nicht werden. Aber seht da, Euer Stern zieht weiter. Ich will euch nicht aufhalten auf eurer Suche. Bis nächste Woche!

(Die vier verabschieden sich und ziehen von dannen.)

LIED: z.B. »Kündet allen in der Not« – *1., 3.-5.Strophe*

3. Szene: *(Die vier ziehen immer noch. Derweil ist der Stern über der Krippe stehengeblieben.)*

CLAUDIA: Nun wird' aber langsam Zeit. Es ist schon Abend, und wir haben den König immer noch nicht gefunden. Aber schaut! Ist dort vorne nicht so eine Krippe, von der die alte Frau gesprochen hat?

ANIKA: Ja, dort ist es. Seht doch, der Stern ist über der Krippe stehengeblieben.

(Die vier laufen auf die Krippe zu, schauen hinein und suchen in der Krippe und um diese herum.)

BASTIAN: Also, ich seh nichts!

MATTHIAS: Ich auch nicht! Hier scheint der König also nicht zu sein. *(enttäuscht)*

CLAUDIA: Ich glaube, wir haben uns vergeblich auf die Suche gemacht. Nirgendwo haben wir diesen König gefunden. Wahrscheinlich gibt es ihn gar nicht.

ANIKA: Aber erinnert ihr euch nicht an die Worte der alten Frau? Sie hat doch gesagt, daß das alles vor langer, langer Zeit passiert ist. Sieht diese Krippe nicht so aus, als hätte dort mal ein Kind gelegen.

(Zwei Engel treten auf die Bühne.)

ENGEL 1: Da hast du recht, Anika, Ja, in dieser Krippe wurde tatsächlich das Christkind geboren. Das war vor 2000 Jahren, und heute feiern wir seinen Geburtstag.

Bastian: Ja, wer seid denn ihr?

Engel 2: Wir sind zwei Engel, und der König, nach dem ihr sucht, das Christkind, hat uns zu euch geschickt, damit wir euch seine Botschaft verkünden. Er läßt euch sagen:
»Ich bin froh, daß ihr mich gesucht habt. Wenn ihr glaubt, ihr hättet mich nicht gefunden, dann täuscht ihr euch. Überall, wo ihr heute Menschen auf euerem Weg geholfen habt, war ich bei euch. Ihr konntet mich nicht sehen, weil alle Menschen, die im Himmel leben, unsichtbar sind. Ihr habt mich also längst gefunden.«

Matthias: Aber wir wollten doch vom Christkind wissen, wie wir glücklicher und zufriedener sein können!?

Engel 1: Matthias, warst du nicht glücklich, als du heute so vielen Menschen in ihrer Not helfen konntest? Bist du nicht glücklich, daß du in Anika, Bastian und Claudia so gute Freunde gefunden hast?

Claudia: Ich finde, er hat recht. Seitdem ich mit euch zusammen bin, bin ich so richtig glücklich.

Engel 2: Denkt daran: Glücklich wird man nur, wenn man andere glücklich macht!

Anika: Das stimmt! Deshalb laßt uns jetzt das Geburtstagsfest des Christkindes, laßt uns Weihnachten feiern. Laßt uns alle zu diesem Fest holen, denen wir heute begegnet sind. Laßt uns die Liebe und das Licht des Christkindes in die Welt hinaustragen!
(Die vier holen die anderen Kindere. Alle Kinder bringen entzündete Kerzen mit und gehen nun auf die Kirchenbänke zu, um dort das Kerzenlicht wie in der Osternacht an die Gottesdienstbesucher zu verteilen. Dann geht das elektrische Licht in der Kirche aus.)

Lied: Stille Nacht, Heilige Nacht

Hans Joachim Remmert

II Hirtenspiele

Der Stern von Bethlehem

PERSONEN: Sterne, Sternschnuppe, 3 Hirten, Engel, Josef, Maria
SPIELALTER: 6-12 Jahre

1. Szene:

STERNE: *(ziehen auf, stellen sich im Hintergrund der Bühne in einen großen Halbkreis. In der Mitte der Sternreihe steht die Sternschnuppe.)*
Wir sind die Sterne
in himmlischer Ferne
wir strahlen und funkeln
im Dunkeln.

STERNSCHNUPPE:
Ich bin der Stern mit der Schnuppe
ich zieh' übern Himmel
durch's Sternengewimmel
und glimm' über Tal und Kuppe.
Ihr Frommen und auch ihr weniger Frommen,
seid herzlich willkommen!
An diesem Winternachmittag heute,
da spielen wir euch ein Krippenspiel.
Ach bitte, erwartet nicht zu viel!
Wir sind ja nur kleine Leute.
Gefällt's euch, dann freut euch.
Wenn nicht, dann vergeßt es.
Wir tun jedenfalls unser Bestes.

LIED: »Heute leuchten alle Sterne« *(Strophe 3 + 4):*
3. Heute leuchten alle Sterne.
Heute nacht wird es geschehen,
daß die Hirten auf dem Felde
einen Engel vor sich sehn,

leuchtend hell,
leuchtend hell
einen Engel vor sich sehn.

4. Heute leuchten alle Sterne,
wenn ein jeder es erfährt,
was der Engel aus der Ferne
hier den Hirten nun erklärt,
leuchtend hell,
leuchtend hell
hier den Hirten nun erklärt.

STERNE: Wir sind die Sterne
in himmlischer Ferne
wir strahlen und funkeln
im Dunkeln.
(Die drei Hirten legen sich im Sternenhalbkreis nieder.)

1. HIRT: Wir sind die Hirten –

2. HIRT: – bei unseren Schafen.

3. HIRT: Wir schlafen *(Alle gähnen und legen sich hin)*

DER ENGEL: *(kommt aus dem Hintergrund, stellt sich vor die Sternschnuppe)*
Engelsmusik
Ich bin der Engel –
weit, weit zu sehn!
Ich schwebe am Himmel
und leuchte so schön!

1. HIRT: Ich kann nicht schlafen.
Es ist so hell.
He, Basti, hörst du das Hundegebell?

2. HIRT: Hannes, du Depp,
laß mich in Ruh'.
Leg dich und mach die Augen zu!

1. HIRT: Schau, Lukas, schau –
was kann das sein?
Siehst du am Himmel den hellen Schein?

3. Hirt: Es singt und klingt
in Lüften so klar
So feierlich ist es, so wunderbar!

1. und 3. Hirt:
(rütteln den 2. Hirten)
Hör auf mit dem Geschnarch und Geschnauf!
Erheb dich und schau:
Der Himmel geht auf!
Engelsmusik

Engel: Ihr Hirten, erwacht!
Ihr Hirten, erwacht!
Heut ist eine Jubel- und Freudennacht!
Ihr Hirten, laßt die Herde stehn
und lauft, um Gottes Kind zu sehn!
In Bethlehem in einem Stall,
hinter Berg und Tal,
wo der helle Strahl des Sterns hinfällt,
kam's auf die Welt.
Lauft hin und erzählt es überall!
Vergeßt ein Geschenk nicht,
lauft geschwind
und heißt willkommen das Jesuskind!

1. Hirt: Ein Engel! Ein Engel!

2. Hirt: Jetzt ist er weg.

3. Hirt: Schaut her, wie ich zittre -
aus Freude, aus Schreck!

1. Hirt: Kommt, Basti, Lukas,
laßt uns gehn.
Wir wollen Gottes Kindchen sehn!

2. Hirt: Wir wissen ja die Richtung nicht.

3. Hirt: Stern, zeig uns den Weg
mit deinem Licht.
(Die Sternschnuppe zieht davon, ihr folgen die drei Hirten.)

Alle: »Der Weihnachtsstern, der weiß den Weg.«

2. Szene: *(Im Sternenhalbkreis steht jetzt die Krippe. Neben ihr sitzt Maria, steht Josef.)*

JOSEF: Ich bin der Josef, ein Mann vom Bau.

MARIA: Ich bin Maria, seine Frau.
Seht ihr das Kindchen, das da liegt?
Das haben wir soeben gekriegt.

JOSEF: Ein kräftiger Junge.

MARIA: Er hat schon geschrie'n.

JOSEF: Wir nennen ihn Jesus.

MARIA: Wir lieben ihn!

JOSEF: Wir haben kein Bettchen,
kein Fell für das Kind.
Er wird uns erfrieren
im kalten Wind!

Engelsmusik

MARIA: Ach Josef – spürst du's,
siehst du's nicht?
Der Stall wird warm
und voll von Licht
und hallt von Jubelmelodei'n.
Ich glaub, der Himmel kehrt bei uns ein!

JOSEF: Schau dort – ein Engel! *(Licht fällt auf den Engel)*

MARIA: Schau da – ein Stern!
(Sie zeigt auf die Sternschnuppe, die sich nähert.)

ENGEL: Ich bringe euch Grüße
von Gott, dem Herrn.

Engelsmusik, die Hirten nähern sich.

3. Szene:

1. HIRT: Grüß Gott. Wir sind drei Hirten vom Feld.
Der Engel hat uns hierher bestellt.

2. HIRT: Wir sind gewandert durch Nacht und Wind.

3. HIRT: Wo ist das neugeborene Kind?

MARIA: Kommt her, und schaut:
Hier liegt's im Stroh.

1. Hirt: Wie lieb es lächelt!
2. Hirt: Das macht uns froh.
3. Hirt: Um uns ist es nicht gut bestellt.
1. Hirt: Wir sind sehr arm.
Wir haben kein Geld.
2. Hirt: Doch drei kleine Gaben:
Drei Lämmerfelle,
die sollst du, Kind, haben
auf der Stelle.
3. Hirt: Ein schwarzes zum Draufliegen,
ein weißes zum Drunterschmiegen,
ein braunes unters Schöpfchen.
Nun schlaf, du Lockenköpfchen!

Alle drei Hirten:
Wir woll'n das Gotteskind loben
und Gott den Herrn dort oben.
Maria: Ihr lieben Hirten, wir danken sehr!
Josef: Nun friert unser Jesuskind nicht mehr.

Sternschnuppe:
Habt Dank auch ihr,
ihr lieben Leute,
daß ihr uns zugehört habt heute.
Jetzt ist unser kleines Krippenspiel aus.
Lebt wohl!
Kommt alle gut nach Haus,
und feiert das Fest der Geburt Jesu Christ
mit so viel Liebe,
Erbarmen und Güte,
wie euch, ihr Leute, möglich ist.
Lied: »Ein heller Stern hat in der Nacht«

Gudrun Pausewang

»Geht zu den Ställen heute Nacht«

PERSONEN: Maria, Josef, Lektor(in), Kind, Erzähler(in)
SPIELALTER: 8 – 14 Jahre
VORZUBEREITEN:
4 Bilder, die die Kinder selbst malen können: 1.: Ein Hof mit einem Jungen und Tieren; 2. Junge, der den großen Stern am Himmel entdeckt; 3. Junge, Hund, Schafe, Kuh, Ochs und Esel, die dem Stern folgen; 4. Mann, der den Stern sieht; 5. Alle Personen bei der Krippe, 6. Mann, der den Jungen in sein Haus einlädt

LIED: »Nun sei uns willkommen«

MARIA: Ich bin Maria aus Nazareth.
Was Nacht ist, das habe ich erfahren.
Dunkle, stockfinstere Nacht, Angst,
Einsamkeit, Nicht-Verstandenwerden,
Ausweglosigkeit – habe ich durchlebt.

JOSEF: Ich bin Josef, der Zimmermann aus Nazareth,
verlobt mit Maria, die ein Kind erwartet.
Meine Nacht, die ich durchlebt habe,
heißt: Enttäuschung, Mißtrauen, Zweifel.

MARIA: Dreckig geht es mir, seitdem ich »Ja« gesagt habe zu dem, was Gott von mir will. Auf der Straße tuscheln sie hinter meinem Rücken, mit Fingern zeigen sie auf mich, weil ich ein Kind erwarte, ein Kind, das der Welt Licht bringt und Hoffnung gibt, durch Gott jede Nacht zu einer heiligen Nacht machen will.
Weil niemand mich verstanden hat, darum bin ich geflohen zu meiner alten Cousine Elisabeth.
Hohe Berge mußte ich überwinden und tiefe Täler durchschreiten, um einen Menschen zu finden, der mich verstehen konnte.

JOSEF: Ein tiefer Graben, eine unüberwindliche Kluft trennte mich von Maria. Ich wollte sie entlassen, mich endgültig absetzen. Doch Gott verbot mir, Maria fallen zu lassen, ihr den Laufpaß zu geben. Ein Engel war es, der mir sagte: Hole Maria heim! Nimm sie zu dir. Sie braucht deine Hilfe und deinen Schutz. Das Kind, das in ihr heranwächst, ist der Anfang einer neuen Welt.

Seitdem ich Mutter und Kind annehmen und aufnehmen konnte, ist meine Nacht zu einer heiligen Nacht geworden.

MARIA: Seitdem ich Elisabeth begegnet bin, spüre ich Leben in mir. Wo Menschen in Liebe einander begegnen, da wird neues Leben spürbar. Leben von Gott.

Jetzt sagt auch Josef »Ja« zu mir und zu meinem Kind. Seine liebende Zuwendung läßt mich vertrauensvoll in die Zukunft schauen. Nun kann Gottes Wort in mir groß werden, Hand und Fuß bekommen.

– kurze Stille –

LIED z.B. :»Weit, weit ist der Weg«

EVANGELIUM: In jenen Tagen erließ Kaiser Augustus den Befehl, alle Bewohner des Reiches in Steuerlisten einzutragen. Dies geschah zum ersten Mal; damals war Quirinius Statthalter von Syrien. Da ging jeder in seine Stadt, um sich eintragen zu lassen.

So zog auch Josef von der Stadt Nazareth in Galiläa hinauf nach Judäa in die Stadt Davids, die Bethlehem heißt; denn er war aus dem Haus und Geschlecht Davids. Er wollte sich eintragen lassen mit Maria, seiner Verlobten, die ein Kind erwartete. Als sie dort waren, kam für Maria die Zeit ihrer Niederkunft, und sie gebar ihren Sohn, den Erstgeborenen. Sie wickelte ihn in Windeln und legte ihn in eine Krippe, weil in der Herberge kein Platz für sie war.

LIED z.B. :»Uns wird erzählt«

In jener Gegend lagerten Hirten auf freiem Feld und hielten Nachtwache bei ihrer Herde. Da trat ein Engel des

Herrn zu ihnen, und der Glanz des Herrn umstrahlte sie. Sie fürchteten sich sehr, der Engel aber sagte zu ihnen: Fürchtet euch nicht, denn ich verkünde euch eine große Freude, die dem ganzen Volk zuteil werden soll. Heute ist euch in der Stadt Davids der Retter geboren; er ist der Messias, der Herr. Und das soll euch als Zeichen dienen: Ihr werdet ein Kind finden, das in Windeln gewickelt, in einer Krippe liegt. Und plötzlich war bei dem Engel ein großes himmlisches Heer, das Gott lobte und sprach: Verherrlicht ist Gott in der Höhe, und auf Erden ist Friede bei den Menschen, seiner Gnade.

Als die Engel sie verlassen hatten und in den Himmel zurückgekehrt waren, sagten die Hirten zueinander: Kommt, wir gehen nach Bethlehem, um das Ereignis zu sehen, das uns der Herr verkünden ließ. So eilten sie hin und fanden Maria und Josef und das Kind, das in der Krippe lag.

Als sie es sahen, erzählten sie, was ihnen über dieses Kind gesagt worden war. Und alle, die es hörten, staunten über die Worte der Hirten.

Instrumentalmusik, die Bilder werden gezeigt

1. Bild (Hof mit Tieren)

KIND: Es war Winter und auf der Erde lag kalter Schnee. Die Schafe und der Ochs, die Kuh und der Esel standen frierend auf der Weide und fanden kaum einen Grashalm, um ihren Hunger zu stillen.

ERZÄHLER(IN): Der Mann, der hier wohnte, war alt und mürrisch. Er sprach kaum mit jemandem ein Wort und war froh, wenn er in Ruhe gelassen wurde.

KIND: Mit dem Jungen, der die Schafe hütete, redete er nur selten. Das machte den Jungen traurig. Besonders nachts, wenn er mit seinem kleinen Hund bei der Schafherde wachte, fühlte er sich allein.

ERZÄHLER(IN): Der Wind heulte um das Haus und der Junge fror. Selbst der dicke wollene Pullover konnte ihn nicht genügend schützen. Wie gerne wäre er in der warmen Stube gewesen, doch der Mann ließ ihn nicht herein: »Ich kann die Wärme nicht teilen. Das Holz ist teuer.« So mußte der Junge draußen in der kalten Nacht bleiben.

2. Bild (Der grosse Stern)

KIND: Auf einmal entdeckte er einen großen Stern am Himmel. »Was ist das für ein Stern?«, dachte der Junge. Er nahm seinen Hirtenstab und seine Laterne und machte sich wie verzaubert auf den Weg.

LIED »Geht zu den Ställen heute Nacht«, *1. Str.*

3. Bild (Dem Stern entgegen)

ERZÄHLER(IN): »Ohne den Jungen bleibe ich nicht hier«, sagte der kleine Hund und folgte seinen Spuren.

– »Ohne den Hund bleiben wir nicht hier«, sagten die Schafe.

Auch die Kuh, der Ochs und der Esel folgten dem Jungen.

KIND: »Es ist auf einmal so still.«

Der Mann wurde unruhig und rief nach dem Jungen. Er bekam aber keine Antwort.

ERZÄHLER(IN): Der Mann ging in den Stall. Der Stall war leer. Er schaute in den Hof hinaus. Die Schafe waren nicht mehr da … Er entdeckte nur die vielen Spuren im Schnee. »Der Junge ist geflohen und hat alle meine Tiere gestohlen!«

KIND: Kaum hatte der Mann die Verfolgung aufgenommen, fing es an zu schneien. Es schneite dicke Flocken. Sie deckten die Spuren zu. Dann erhob sich ein Sturm und kroch dem Mann unter die Kleider und biß ihn in die Haut. Bald wußte er nicht mehr, wohin er sich wenden sollte. – Der Mann versank immer tiefer im Schnee. »Ich kann nicht mehr!« Verzweifelt rief er um Hilfe.

4. Bild (Mann sieht Stern)

ERZÄHLER(IN): Der Sturm legte sich wieder. Es hörte auf zu schneien, und der Mann sah einen großen Stern am Himmel. »Was ist das für ein Stern?« Der Mann wunderte sich. Der Stern stand über einem Stall, mitten auf dem Feld. Durch das

Fenster drang das Licht einer Hirtenlampe. Von diesem Licht angezogen ging er darauf zu.

LIED: »Geht zu den Armen heute Nacht«, *2. Str.*

5. Bild (Bei der Krippe)

KIND: Im Stall fand er alle, die er gesucht hatte. Sie waren um eine Krippe versammelt. Darin lag ein Kind. Es lächelte dem Mann entgegen, als ob es ihn erwartet hätte. »Ich bin gerettet«, sagte der Mann und kniete neben dem Jungen vor der Krippe nieder.

LIED: »Geht zu dem Kinde heute Nacht«, *3. Str.*

6. Bild (Junge und Mann)

ERZÄHLER(IN): Am anderen Morgen kehrten der Mann und der Junge, die Schafe, der Esel, die Kuh und der Ochse wieder nach Hause zurück.

KIND: Der eisige Wind pfiff um das Haus. Die Tiere waren im warmen Stall. »Komm ins Haus«, sagte der Mann zu dem Jungen. »Ich habe Holz genug. Wir wollen die Wärme teilen.«

LIED: »Geht zu den Ställen heute Nacht« *1.-3. Str.*

HERIBURG LAARMANN

Hirtenlegende

PERSONEN: Erzähler, Ephraim, Evangelium, Geschäftsmann, 6 Kinder, Josef, Maria, Claudia

SPIELALTER: 7 – 12 Jahre

VORZUBEREITEN:
Fußspuren aus Pappkarton ausschneiden, auf die man dann während des Spieles den »Weg zur Krippe« aufschreiben kann. (s.Aktion)

ERZÄHLER: Als der Engel den Hirten erschien und ihnen die Frohe Botschaft verkündete, da machten sich die Hirten auf den Weg, um das Kind zu suchen. Nur der Hirte Ephraim blieb mürrisch am Feuer sitzen. Er ging nicht mit. Er blieb allein zurück und schaute den anderen nach, bis sie in der Dunkelheit nicht mehr zu sehen waren.

EPHRAIM: Lauf nur, lauft! Lauft einer Traumbotschaft nach. Ihr werdet schon sehen, daß euch das nichts einbringt!

ERZÄHLER: Er hörte in die Stille. Er stocherte mit der Krücke in der Glut.

EPHRAIM: Und wenn es sich doch lohnt aufzustehen und zu gehen? Ob sich die Anstrengung lohnt, wenn ich mich mit meinen Krücken auf den Weg mache?

ERZÄHLER: Plötzlich raffte er sich auf, nahm die Krücken unter die Arme und humpelte davon, den Spuren der anderen nach. Der Weg war weit. Als er endlich zum Stall kam, dämmerte schon der Morgen. Der Lehmboden war von vielen Füßen zertreten.

EPHRAIM: Hier waren viele Menschen. Ich habe den Ort gefunden. Wo aber ist das Kind? Der Engel hat doch von einem Kind gesprochen. – Das ist ja zum Lachen! Alles Irrtum – Traum – Einbildung. Engel gibt es nicht und auch keine Engelsbotschaft.

ERZÄHLER: Ephraim wollte umkehren. Doch da entdeckte er den Ort, wo das Kind gelegen hatte. Vor der leeren Krippe ließ er sich nieder. Es machte ihm nichts aus, daß er das Kind nicht sah. Er wurde so froh, daß er es mit Worten gar nicht beschreiben konnte.

Nach einer Weile des Staunens und Nachdenkens stand er auf und machte sich wieder auf den Heimweg. Er wollte das Feuer anzünden, bevor die anderen Hirten zurückkamen. Sie zogen sicher durch die Straßen von Bethlehem, um den Menschen das Wunder zu erzählen.

Als er eine Weile gegangen war, merkte er, daß er seine Krücken bei der Krippe vergessen hatte. Er wollte umkehren.

EPHRAIM: Warum soll ich umkehren? Ich kann doch gehen ohne Krücken. Ich bin geheilt! Auf dem Weg nach Bethlehem, auf dem Weg zum Kind habe ich das Heil gefunden. Jetzt kann ich neu beginnen, zu leben.

ERZÄHLER: Zögernd ging Ephraim weiter. Seine Schritte wurden immer fester.

Aktion: Fußspuren beschriften. Was bewegt mich zur Krippe zu gehen? Was nehme ich von der Krippe mit? – Weg zur Krippe lesen.

EVANGELIUM:»Er kam in sein Eigentum, aber die Seinen nahmen in nicht auf«

ERZÄHLER: Es gab einmal eine Stadt, in der es immer dunkel war. Die Menschen waren traurig, weil niemand dem anderen sagte oder zeigte:Du, ich hab dich lieb. Jeder dachte nur an sich, war mißtrauisch, hatte Angst etwas zu verpassen oder weniger zu haben als der andere. Das machte die Herzen der Menschen dunkel, ihre Gesichter finster. Über dieser dunklen Stadt leuchtete kein einziger Stern.

GESCHÄFTSMANN:

Ich bin ein reicher Geschäftsmann. Geld habe ich genug. Meine Frau und meine Kinder aber sind immer noch unzufrieden. Sie wollen immer noch mehr haben. Das Geld beherrscht uns alle. Es spielt in unserer Familie die wichtigste Rolle. Oft gibt es deswegen Streit.

1. KIND: Ich habe Hunger. Bitte, schenken sie mir etwas!

GESCHÄFTSMANN:
Hau ab! Hilf dir selbst, dann hilft dir Gott!

2. KIND: Bitte, helfen sie mir! Geben sie mir Milch für mein Kind. Es ist schon fast verhungert.

GESCHÄFTSMANN:
Tut mir leid, aber für Kunden, die nichts einbringen, habe ich keine Zeit!

ERZÄHLER: So ist es hier – so ist es an vielen Stellen, der dunklen Stadt.
Frau Schmitz ist seit vielen Jahren im Altersheim. Sie weint um ihren Sohn, der sie verlassen und vergessen hat. Zu Weihnachten hat er ihr nicht einmal eine Karte geschickt. Wo mag er sein?
Ja, so ist es in der dunklen Stadt. Viele erleben Nacht, stockfinstere Nacht ohne jeden Hoffnungsschimmer, ohne einen Stern. Wer kann da leben? Niemand macht dem anderen eine Freude. Keiner sorgt in Liebe für den anderen. Niemand feiert ein Fest und lädt dazu ein. Angst, Streit und Ärger machen das Leben dunkel und traurig.

LIED: z.B.»Weit, weit ist der Weg«

3. KIND: Da kommt ein alter Wagen, der kracht und knarrt. Was wollen die Leute denn so spät abends hier? – Zigeunerpack!

JOSEF: Entschuldigen Sie, wenn ich störe! Können Sie mir ein Zimmer besorgen? Meine Frau und ich brauchen für die Nacht dringend eine Unterkunft.

3. KIND: Dafür ist das Wohnungsamt zuständig.

JOSEF: Es ist spät. Bitte, helfen Sie mir!

3. KIND: So kann jeder kommen. Ich habe keinen Platz! Und wo denken sie hin? Ich kann doch nicht einfach jeden so mir nichts, dir nichts in meine Wohnung lassen.

JOSEF: Vielleicht haben Sie Platz in der Garage!

3. KIND: Meine Garage? – Kommt nicht in Frage! Mein Wagen könnte Kratzer bekommen.

JOSEF: Gibt es denn hier einen Stall?

4. Kind: Stall? – Unmöglich! Unsere Ställe sind voll. Das Vieh hat ja kaum Platz.

Josef: Es ist dringend! Meine Frau erwartet ein Kind. Bitte, helfen Sie mir!

5. Kind: Kinder sind lästig. Sie stören nur. Sehen Sie zu, wo sie bleiben.

Erzähler: In dieser Stadt war es dunkel, traurig und kalt. Es gab kein Erbarmen, keine offene Tür. Die Menschen waren hart, kalt und abweisend. Kein Stern, kein Licht konnte ihre Dunkelheit durchdringen.

Lied: z.B. »Geht zu den Ställen heute Nacht«

Erzähler: An einem Wintermorgen war es plötzlich hell. Ein Kind hatte in einem Schuppen Licht gesehen. Es stand auf und lief darauf zu. Angst und Neugierde waren verschwunden, als Claudia in dieser Armut ein Kind sah. Es war schön.

Claudia: Ich hole Hilfe!

Maria: Danke! Aber paß auf, wenn der Eigentümer das erfährt, wird er die Hunde auf uns hetzen.

Claudia: Himmel, das Kind ist schön! Licht geht von ihm aus. Nehmen Sie meinen Mantel, das Kind muß ja hier frieren.

Josef: Du wirst dich erkälten!

Claudia: Ich werde mich warm laufen. Ich habe noch Mantel und Anorak zu Hause. Das Kind hier aber darf nicht frieren.

Erzähler: In diesem Augenblick leuchtete zum erstenmal seit vielen Jahren ein Stern über der finsteren Stadt auf. Claudia erzählte weiter, was sie gesehen und erlebt hatte. Sie erzählte von der Freude im Herzen und von dem Stern, der aufgegangen war über der dunklen Stadt.

5. Kind: Was, ein Stern? – Ein Kind von diesen Landstreichern? -

Lied: z.B. »Geht zu den Armen heute Nacht«

Erzähler: Viele machten sich auf und gingen zum alten Schuppen. Unterwegs verschwanden Ärger, Mißtrauen und Vorurteile. Es war wie ein Wunder. Der Friede zog in ihre Herzen ein. Sie sprachen miteinander, sie versöhnten sich, sie hatten füreinander ein gutes Wort. Immer mehr Sterne wurden am Himmel sichtbar.

4. KIND: Ist das Kind schön! Aber es ist hier viel zu kalt. Kommt mit in meine Wohnung. Wir teilen gerne den Platz und die Wärme mit euch!

5. KIND: Wie die Sterne leuchten! Eine wunderbare Nacht! So froh war ich noch nie. Ich bin wie verwandelt. Was mag das für ein Kind sein?

LIED: »Geht zu dem Kinde heute Nacht«

ERZÄHLER: Immer mehr Leute kamen, um das Kind zu sehen. Es dauerte aber nicht lange, da war das Kind verschwunden. Wohin war es? Die Bewohner der Stadt wollten es nicht zugeben, doch sie wußten: Das Kind hat Licht und Freude in unser Leben gebracht.

6. KIND: Da, wo Menschen einander lieben, wo sie Frieden schliessen und Zeit und Interesse füreinander haben, da wird die Nacht zu einer heiligen Nacht.

5. KIND: Gott ist in Jesus zu uns gekommen. Er will unter uns wohnen. Können wir jetzt noch leben ohne zu lieben?

ERZÄHLER: Alle waren froh. Was sie nun dem Kind nicht mehr geben konnten, das schenkten sie den Armen. Viele Sterne erhellten die dunkle Nacht. Die Armen bekamen Brot, die Einsamen wurden besucht, wer Streit hatte, versöhnte sich. In der Stadt – einmal ohne Stern – gab es jetzt Licht und Leben, Frieden und Freude.

HERIBURG LAARMANN
(nach Max Bolliger)

Hirtenkinder

PERSONEN: David, Sarah, Johannes, Andreas, Anna, Ruth, Josef, Maria 5 Hirten, Engel

SPIELALTER: 5 – 10 Jahre

1. Szene: *Von der Seite kommen sechs Kinder. Zuerst zwei, dann vier. Während die zwei ersten (Sarah und Ruth) bis vor den Altar gehen, bleiben die vier (Anna, David, Andreas, Johannes) auf der breiten Stufe stehen. David hat eine Laterne. Er bückt sich, er hebt etwas auf.*

DAVID: Guckt mal! Habt ihr schon einmal so einen Stein gesehen?

SARAH: Nun kommt doch endlich! Wir müssen uns beeilen. Es wird schon dunkel.

JOHANNES: Ha, Jaah.

ANDREAS: Habt ihr Angst?

JOHANNES: Nee, ich nicht. Hirtenkinder haben keine Angst.

DAVID: Heute dürfen wir auf den Feldern bei den Herden übernachten. Zum ersten Mal.

ANNA: Wir dürfen aufbleiben, bis wir von selbst müde werden.

SARAH: So kommt doch endlich! Sonst dürfen wir nie mehr nachts draußen sein.

Die vier kommen jetzt auch vor den Altar

RUTH: Ich war noch nie solange auf.

DAVID: Ich finde das richtig spannend: nachts bei den Tieren.

RUTH: Hoffentlich passiert nichts!

JOHANNES: Was soll denn da passieren?

RUTH: Wölfe und so!

DAVID: Damit wird mein Vater schon fertig.

Josef geht mit Maria langsam über die breite Stufe.

RUTH: Guckt mal da, die beiden Leute.

JOHANNES: Das sind Fremde. Die sind nicht von hier.

SARAH: Die Frau bekommt ein Kind.

2. Szene:

JOSEF: Schalom – Kinder.

ALLE: Schalom.

JOSEF: Wir beide sind in großer Not. Nirgendwo hat man uns aufgenommen. Keiner hat Platz. Keiner hat Zeit.

DAVID: Hier in der Nähe ist ein leerer Stall. Da bin ich heute Nachmittag noch vorbeigekommen.

JOSEF: Maria, hast du gehört: ein Stall.

MARIA: Josef – ich kann nicht mehr.

DAVID: Soll ich euch hinführen?

JOHANNES UND RUTH: Wir kommen mit.

SARAH: Aber die Hirten, unsere Väter, die warten doch auf uns.

DAVID: Geht schon vor. Wir kommen dann nach.

David, Ruth, Johannes führen Maria und Josef. Die drei anderen zur anderen Seite ab.

3. Szene: *Fünf Hirten vor dem Altar. Sie halten Ausschau nach den Kindern. Sie rufen:*

1. HIRT: Saraah!

2. HIRT: Johannes!

3. HIRT: Anna!

4. HIRT: Wir hätten den Kindern das nicht erlauben dürfen.

5. HIRT: Hoffentlich haben sie sich nicht verlaufen.

4. HIRT: David!

2. HIRT: Ruuuth!

Der erste Hirt spielt auf der Quer- oder Blockflöte. Sarah, Anna und Andreas kommen.

3. HIRT: Gott sei dank, da seid ihr ja.

4. HIRT: Wo ist den David? Wo sind denn die anderen?

SARAH: Die zeigen zwei ganz armen Leuten den Weg zu einem Stall.

ANNA: Die Frau bekommt ein Kind.

3. HIRT: Was sind das denn für Leute? Fremde?

SARAH: Fremde. Ja. Gute Leute.

5. Hirt: Ihr sollt doch nicht mit fremden Leuten gehen.

Andreas: Das war was anderes. Das mußte sein.

David, Johannes, Ruth kommen.

2., 4., 5. Hirt:

Gott sei Dank! Da seid ihr ja auch.

David: *(zu allen)* Merkt ihr was? Schon unterwegs wurde es immer heller. Wo kommt das bloß her?

4. Szene:

Sarah: Schaut bloß! Engel!

Johannes: Engel auf unseren Feldern!

Anna: Mir geht richtig das Herz auf.

Die Gemeinde singt 1. u. 2. Str.: »Engel auf den Feldern singen«

Andreas: Seht mal! Der Engel in der Mitte hat seine Hand erhoben. Seid mal alle ganz still!

Engel: Vom Himmel hoch – da komm ich her.
Ich bring euch gute, neue Mär.
Euch ist ein Kindlein heut geboren -
von einer Jungfrau auserkoren.
Ein Kindelein so zart und fein,
das soll eu'r Freud und Wonne sein.
Es ist der Herr, Christ, unser Gott.
Der will euch führ'n aus aller Not.
Das Kind liegt in der Kripp' im Stall.
In Windeln liegt der Herr des All.

Die Engel singen: »Ehre sei Gott.«

Die Engel gehen zur Krippe.

David: Stall? Krippe? Dann weiß ich, wo das ist!

Johannes und Ruth:

Die armen Leute von vorhin!

David, Ruth, Johannes:

Wir führen euch hin!

Sarah: Ich nehme dem Kind meine Puppe mit.

Anna: Und ich eine warme Decke.

Johannes: Und ich einen dicken Apfel.

ANDREAS: Und ich meinen Ball.

DAVID: Ich auch was zum Spielen: ein Auto.

RUTH: Ich spiel' ihm ein Lied auf der Flöte.

Hirten und Hirtenkinder singen ein dazu passendes Lied. Anschließend gehen sie zur Krippe.

5. Szene: *Alle an der Krippe*

MARIA: Schau, Josef, wir sind doch nicht allein.

JOSEF: Maria, ich bin sehr glücklich.

SARAH: Die Ruth hat ihre Flöte mit. Darf sie was spielen?

MARIA: Sicher! Das hilft dem Kind zu schlafen.

Ruth spielt auf der Blockflöte.

DAVID: Am liebsten möchte ich jetzt etwas singen.

ANNA, JOHANNES, ANDREAS: Ich auch.

Kinder, Hirten, Engel singen 1. u. 4. Str. »Ich steh' an deiner Krippe hier« (GL 141)

DER VERKÜNDIGUNGSENGEL:

Ihr Hirten, ihr Kinder. Gott hat uns zu euch gesandt, damit wir euch verkünden, daß der Heiland geboren ist. Jetzt seid ihr seine Boten! Sagt es allen Menschen: Es ist Weihnachten. Der Heiland ist geboren, Christus, Gottes Sohn. Sagt es allen weiter. Damit alle Herzen froh werden.

Alle Spielkinder singen mit der Gemeinde »Zu Bethlehem geboren«

HANS ALBERT HÖNTGES

Tanz der Hirten am Feuer

Für die Hirten auf dem Feld geht ein arbeitsamer Tag zu Ende. Sie haben die Herde zusammengetrieben und zünden nun ein Feuer an. Es spendet ihnen Wärme und schützt die Herde vor wilden Tieren.

Den »Feierabend« begehen die Hirten mit einem fröhlichen Tanz um das Feuer. Farbige Kreppapierbänder, mit denen das Feuer in Bewegung umgesetzt wird, lassen die Flammen lebendig werden.

Der Tanz hat eigenständigen Charakter. Er läßt sich aber auch in jedes beliebige Krippenspiel einbauen oder einen Gottesdienst, bei dem die Weihnachtsgeschichte »nur« erzählt oder vorgelesen wird, musikalisch ergänzen.

Dm
1. Die Dun - kel - heit bricht schon her - ein. Es
Gm A Dm
weht ein kal - ter Wind. Drum zün - den wir ein
Gm Dm A
Feu - er an. Ihr Hir - ten, auf ge - schwind!
Gm Dm
Legt et - was Stroh auf die Flam - men.
A Dm
Hört, wie es knackt und kracht.
Gm Dm
Tan - zen wir nun zu - sam - men, daß
A7
Refrain:
Dm
uns das Her - ze lacht! Sha - lom, Sha -

1. Die Dunkelheit bricht schon herein. Es bläst ein kalter Wind.
Drum zünden woir ein Feuer an. Ihr Hirten, auf geschwind!
Legt etwas Stroh auf die Flammen.
Hört, es knackt und kracht.
Tanzen wir nun zusammen, daß und das Herze lacht:

Refrain:
Shalom, Shalom. Das Tagwerk ist vollbracht.
Shalom, Shalom. Wir haben ein Feuer entfacht.
Shalom, Shalom. so hjalten wir die Wacht,
Shalom, Shalom in diesr dunklen Nacht.

2. Das Feuer brennt jetzt lichterloh.
Hört, wie es braust und zischt.
Wir hüten es und geben acht, damit es nicht erlischt.
Laßt uns das Feuer schüren. Seht, wie es zuckt und springt,
daß wir die Wärme spüren. Ihr Hirten auf und singt!

3. Die Herde schläft schon tief und fest
im weichen Gras ganz sacht.
Die Schafe liegen dicht an dicht, weil bitterkalt die Nacht.
Legt etwas Holz auf den Haufen, daß er noch höher wird.
So kann kein Tier sich verlaufen, und keines sich verirrt.

4. Die wilden Tiere lauern schon. Wir halten sie in Schach.
Kein Wolf uns je zu nahe kommt, da geben wir gut acht.
Legt noch mehr Holz auf die Flammen,
daß es noch heller scheint.
Tanzen wir nun zusammen ums Feuer froh vereint.

TANZBESCHREIBUNG:

Die Hirten sitzen oder stehen im Kreis um ein Feuer. Das »Feuer« besteht aus einem Haufen roter und gelber Kreppapierstreifen. Jeder Hirte hält in der rechten Hand jeweils ein Band aus rotem und gelbem Kreppapier.

Die Bewegungen zum Lied können beliebig gestaltet werden. Am besten läßt man der Phantasie der Kinder hier freien Lauf. Die folgende Tanzbeschreibung ist als Anregung, nicht als festes Schema gedacht.

1. Strophe: *Hirten sitzen im Kreis (immer mit Gesicht zum Feuer)*
1. Zeile: Hirten sitzen im Kreis
2. Zeile: kleine Auf- und Abwärtsbewegungen mit den Bändern
3. Zeile: das »Strohauflegen« pantomimisch darstellen
4. Zeile: die Bänder synchron im Kreis schwingen

2. Strophe: *Hirten stehen im Kreis*
1. Zeile: Bänder auf- und abschwingen
2. Zeile: Hände ausbreiten und schützend über das Feuer halten *(dabei die Bänder zwischen zwei Finger klemmen)*
3. Zeile: das »Schüren« pantomimisch darstellen
4. Zeile: die Bänder synchron im Kreis schwingen

3. Strophe: *Hirten sitzen im Kreis*
1.–2. Zeile: das »Schlafen« pantomimisch darstellen
3.–4. Zeile: das »Holzauflegen« pantomimisch darstellen

4. Strophe: *Hirten stehen im Kreis*
1.–2 Zeile: die Hände an den Augen zu einem »Fernrohr« formen
3. Zeile: das »Holzauflegen« pantomimisch darstellen
4. Zeile: die Bänder synchron im Kreis schwingen

Refrain:
1. Zeile: »Shalom, Shalom«:
Auf die Silbe »-lom« jeweils die Bänder gleichzeitig zur Mitte hochschwingen.
»Das Tagwerk ist vollbracht«:
Arme seitwärts ausstrecken und auf die Schulter des Nachbarn legen, oder sich einfach an den Händen halten. Rechtes Bein überkreuzt linkes Bein, linkes Bein seitwärts nachstellen (2 x), dabei die Silben »Tag« und »bracht« betonen, indem man leicht in die Knie wippt.
2.–4. Zeile: werden in gleicher Weise getanzt.

Annemarie Wolf

Die drei Hirten

PERSONEN: die vier Hirten Andreas, Thomas, Jakob, David und die beiden Frauen Eva und Susanne sowie Josef und Maria.

SPIELALTER: 8 – 12 Jahre

VORBEMERKUNG:

Dieses Weihnachtsspiel kann in der Schule, in der Kirche oder zu Hause vor dem Christbaum aufgeführt werden. Man braucht keine Kulissen dazu, das Hirtenfeuer oder der Stall von Bethlehem werden nur durch das Spiel der Schauspieler »sichtbar«.

1. Szene: *(Nacht. Auf dem Feld. Der Hirte Jakob packt Brot, Käse, Wolle usw. in ein Tuch und bindet es langsam und ungeschickt zusammen. Er brummt undeutlich vor sich hin. In seinen Bewegungen und beim Sprechen ist er unbeholfen und wird deshalb von manchen anderen Hirten für »dumm« gehalten. Von links und von rechts kommen eilig Andreas und Thomas. Andreas mit Laterne.)*

ANDREAS: Jakob! Jakob! Ich muß dir was sagen! Etwas Schönes! Du wirst springen vor Freude!

THOMAS: *(von der anderen Seite)*
Jakob, he, alter Jakob! Waren sie auch bei dir?

JAKOB: *(Sieht von einem zum anderen und deutet auf das Bündel)*
Da! Essen und Wolle. Schon bereit.

THOMAS: Jetzt denk nicht an's Essen, jetzt nimm dich zusammen und hör gut zu: Hast du in dieser Nacht auch etwas – etwas Merkwürdiges gesehen?

ANDREAS: *(leuchtet Jakob ins Gesicht)* Guter Jakob! Schau, Thomas, er zittert. Er hat sie auch gesehen.

JAKOB: Ich hab' mich gefürchtet … zuerst. Und dann hab' ich sie verstanden. Ganz langsam. Und dann hab' ich mich gefreut.

ANDREAS: Was hast du verstanden, Jakob? War's eine Botschaft?

THOMAS: Andreas, sei still! Laß ihn reden! Er soll erzählen, was er erlebt hat. Sag ihm nichts vor. Er ist ja dumm, er kann nichts ausdenken und erfinden. er wird uns die Wahrheit sagen. Also, was hast du gesehen … und gehört?

JAKOB: Sie waren sehr viele. Sie haben gelacht vor Freude. Sie haben gesagt: Fürchtet euch nicht. Wir verkünden euch eine große Freude. Der Heiland ist geboren. Ja, das haben sie gesagt.

ANDREAS: Der Heiland, auf den wir so lange gewartet haben!

THOMAS: Wir haben also nicht geträumt. Weiter, Jakob!

JAKOB: Dies soll euch ein – ein –

ANDREAS: *(hilft ihm weiter):* – Zeichen sein –

JAKOB: Ein Kind … in Windeln … es liegt in einer Futterkrippe … *(aufgeregt)* Decke! Eine Decke! Eine Decke!

THOMAS: Er ist schon wieder ganz verwirrt. – Komm, Jakob, reiß dich zusammen. Sag uns nur noch das: Haben sie gesungen?

JAKOB: Ehre … Ehre sei Gott … in der Höhe … und Friede auf Erden den … den …

ANDREAS: den Menschen seines Wohlgefallens.

JAKOB: So war's. Genau das. Ehrenwort.

THOMAS: Der Heiland ist geboren! Drüben in Bethlehem! – Hört zu, ihr zwei! Schaut ihr auf meine Schafe! Ich gehe nach Bethlehem, den Heiland begrüßen!

JAKOB: Ja, ja, ja! Und die Decke!

THOMAS: Was plappert er?

JAKOB: Decke. Krippe. Weich liegen.

ANDREAS: Er meint, wir sollen eine Decke mitnehmen, damit das Kind in der Krippe nicht so hart liegen muß.

THOMAS: Gut, ich nehme dem Kind eine Decke mit.

ANDREAS: Und ich nehme einen Krug Milch mit.

JAKOB: *(hält sein Bündel in die Höhe):*
Da. Da. Alles vorbereitet!

ANDREAS: Ich sag's noch schnell dem David und der Eva und der Susanne, was wir mitnehmen. Und wenn alle beisammen sind, ziehen wir los.

THOMAS: Halt! Wer zieht los?

ANDREAS: Wir alle!

JAKOB: Ja, ja, ja! Alle!

THOMAS: Andreas, ist das dein Ernst? Du willst alle mitnehmen?

ANDREAS: Na klar. Und allen, die die Botschaft noch nicht gehört haben, müssen wir sie verkünden. Damit alle Hirten gehen können, große und kleine, alte und junge. *(Will wegrennen.)*

THOMAS: *(hält ihn zurück)* Andreas, du bist verrückt. Man kann nicht mit so vielen gehen. Die halten einen nur auf. David hat einen kranken Fuß, der kann nur humpeln, jede Schnecke ist schneller als er. Und die Susanne mit ihrem Kind, das dauernd was braucht! Und gar noch die Eva – die ist so ängstlich, immer muß man sie beruhigen, weil sie Löwen husten oder Räuber schleichen hört! Andreas, sei vernünftig! Nur ALLEIN kommt man vorwärts!

ANDREAS: Ich will sie wenigstens fragen, ob sie mitkommen wollen. *(Ab.)*

THOMAS: *(schreit ihm nach)* Dann plag dich nur ab mit ihnen! Damit du's weißt: Ich lass' mich nicht aufhalten von unmöglichen Leuten, ich geh ohne euch!

JAKOB: *(krabbelt hoch)*

THOMAS: Und du, Jakob, hör zu -

JAKOB: Mitgehen!

THOMAS: Ausgerechnet du! – Schau, lieber Jakob, das wirst du sicher verstehen: Einer muß bei den Herden bleiben!

JAKOB: Schafe auch mit!

THOMAS: Nein! Da brauchen wir ja Tage, bis wir in Bethlehem sind! Jakob, du bleibst da. Du bist ein starker, guter Jakob, dir kann man die Tiere anvertrauen. Das kann man nicht jedem, nicht wahr …? Die Begrüßung des kleinen Gotteskindes überlaß mir. Dabei muß man gut reden können. Du bist ein braver Hirte, aber reden, gelt, das ist nicht deine Stärke.

JAKOB: Ich will nicht reden. Nur still sein. Das Kind anschauen.

THOMAS: Aber Jakob, du bist ein so struppiger Kerl, das Kind könnte Angst vor dir bekommen, das willst du doch nicht, oder?

JAKOB: Angst?

THOMAS: Schau, bei Abordnungen schickt man immer die, die den besten Eindruck machen ... Und ich werde dir alles erzählen, wenn ich zurückkomme. *(Eilig im Abgehen)* Alles genau erzählen!

JAKOB: *(allein)* Struppig ... Dumm ... Das kleine Kind erschrecken ... nein, nein! Einer muß bei den Schafen bleiben! Das ist wahr. *(Schaut sein Bündel an)* Hm! Naja. *(im Abgehen)* Verstehst du, Gotteskind, einer muß sich um die Schafe kümmern ...

2. Szene: *Andreas an der Spitze der Hirtenschar. Sie tragen Laternen, Decken und Krüge. Susanne schleppt ein Wickelkind. Eva dreht sich dauernd ängstlich um. David hat einen Verband um den Fuß und geht am Stock. Trotzdem ist die Stimmung fröhlich.*

ANDREAS: Achtung, eine dicke Wurzel.

SUSANNE: Weitersagen: Wurzel.

EVA: Ist's keine Schlange, David?

DAVID: *(klopft mit seinem Stock auf den Boden)* Nein, eine Wurzel. Wenn es eine Schlange wäre, würde sie jetzt wegkriechen. Du mußt keine Angst haben, Eva.

EVA: Gut. Du kannst dich auf mich stützen, David.

SUSANNE: Oje, mein kleiner Simon hat schon wieder die Windeln voll. Können wir einen Augenblick rasten? Wenn ich ihn nicht gleich umwickle, kriegt er einen roten Popo und heult.

ANDREAS: Na, dann wickle ihn nur. Wir warten.

SUSANNE: *(wickelt)*

EVA: *(lauscht unruhig nach allen Seiten)* Ich will euch ja nicht beunruhigen, aber ich möchte wetten, da vorne geht einer.

DAVID: Wird doch nicht gar der Thomas sein?

SUSANNE: *(beim Wickeln)* Geh, der ist sicher schon beim kleinen Heiland angekommen.

EVA: *(lauscht)* Das ist nicht der Thomas. Das hört sich wie ein Räuber an, so schleichend, wißt ihr!

ANDREAS: *(geht mit der Laterne ein paar Schritte vor.)* Eva, hier schleicht überhaupt nichts!

EVA: Na, dann entschuldigt bitte, ich bin leider ein Hasenfuß.

SUSANNE: Das macht doch nichts, besser ein Hasenfuß als ein Draufgänger, der unvorsichtig ist. So, meine Lieben, wir sind soweit! *(hebt das Baby in die Höhe)* Bitte sehr, frisch und duftend, wie sich's gehört.

ANDREAS: Los, weiter geht's. *(Sie marschieren.)*

EVA: Schon sehr finster, dieser Weg nach Bethlehem.

DAVID: Au! Auweh!

ANDREAS: Dein Fuß?

DAVID: JA, Tut mit leid. Aber ich glaube, ich müßte ihn neu verbinden.

SUSANNE: Ich geb' dir eine Windel von Simon, die ist schön weich zum Verbinden. Da, Eva, halt mir den Kleinen.

EVA: *(nimmt das Baby und schaukelt es)* Didldidldidl! Eieiei! Nicht weinen, nein, nein. Gleich gehn wir weiter zum kleinen Gottessohn. (*Andreas und Susanne verbinden David den Fuß)*

DAVID: Das ist mir schrecklich, daß ich euch so aufhalte. Und daß ihr mich bedienen müßt.

SUSANNE: Jetzt jammere nicht. Jeder braucht einmal die Dienste des anderen.

ANDREAS: Außerdem ist es mir sehr recht, daß ich dir diesen Dienst erweisen darf. Wir wollen doch auch dem kleinen Heiland dienen. Wenn wir aber gefragt werden: Könnt ihr das überhaupt: Dienen? Dann dürfen wir ruhig sagen: Ja, wir haben schon ein bißchen geübt!

SUSANNE: Beim Kinderfüttern und -schaukeln beispielsweise.

DAVID: Beim Fußverbinden zum Beispiel.

EVA: Beim Löwenverscheuchen und Angstausreden zum Beispiel. (*Sie lachen.)*

ANDREAS: Ihr habt leicht lachen. Aber mir wird ganz schlecht vor Aufregung, wenn ich daran denke, daß ich den kleinen Heiland begrüßen soll. Ich werde kein Wort herausbringen.

EVA: Wir werden dir einsagen.

SUSANNE: Wir werden mit der Mutter des Kindes reden. Von Mutter zu Mutter geht das ganz leicht. Brauchst du Windeln? werde ich fragen. Hast du genug Milch? Soll ich dir helfen, das Kind zu baden?

DAVID: Das ist eine alte Sache, daß die Frauen sich beim Reden leichter tun.

SUSANNE: Laß uns dein Kind anschauen! werden wir sagen. Wir sind nur arme Hirten, und die Leute in der Stadt sind froh, wenn sie mit uns nichts zu tun haben. Wir riechen zu sehr nach Stall und Tieren. Wir hätten uns auch gar nicht hergetraut, wenn die Boten nicht ausdrücklich gesagt hätten: Ihr werdet ein Kind finden, in Windeln gewickelt …

EVA: Pst! Pst! Da vorne hör' ich was!

SUSANNE: Da, da steht ein Haus! Im Finstern sieht man's kaum.

ANDREAS: Ein Mann kommt heraus.

EVA: Haus? Das ist eher ein Stall.

ANDREAS: Der Mann hat eine Laterne.

EVA: Wenigstens kein Räuber. Räuber gehen nicht mit Laternen.

ANDREAS: He, guter Freund?

JOSEF: Sucht ihr das Kind?

ANDREAS: Das Kind in der Krippe, den Heiland, und seine Mutter.

JOSEF: Es ist meine Familie. Kommt herein!

EVA: Seine Familie?

SUSANNE: Glaubst du, der liebe Gott läßt seinen Sohn, solange er noch winzig ist, ohne ordentlichen Beschützer auf die Welt? Der Mann hat ein gutes Gesicht, gehn wir hinein.

MARIA: *(mit dem Kind, kommt den Besuchern freundlich entgegen)* Schau, mein Jesuskind, da kommen Hirten dich besuchen.
(Die Hirten stoßen einander an, sie sind sehr verlegen.)

EVA: *(leise)* Andreas, du mußt das Kind begrüßen.

SUSANNE: Also, sag schon was.

ANDREAS: *(räuspert sich):* Hm, hm, hm. *(zu David)* Red du, bitte!

DAVID: *(humpelt auf seinem Stock heran)*
Hm, hm, hm. Also: Da sind wir!

MARIA UND JOSEF: *(lächeln)*

Josef: Ihr habt einen weiten Weg hinter euch. Ihr seid sicher durstig. Da, *(holt einen Krug)* hier ist Wasser aus der Quelle.

Andreas: Die Milch! Daß ich ja nicht die Milch vergesse!

Eva: Die Eier!

Susanne: Da, ein paar Windeln, die wirst du sicher brauchen können.

(Die Hirten, froh, daß sie etwas tun können, packen aus.)

Eva: Ich könnte euch eine Suppe kochen. Oder für morgen was vorkochen, damit du dich nicht plagen mußt.

Maria: Ja, da wär' ich froh. Es strengt mich schon noch an, das Kochen. Und das Wickeln und Baden …

Susanne: Gelt ja, am Anfang hat man dauernd Angst, ob man's wohl richtig macht. Hast du noch nie bei einem Kind geholfen und gelernt, wie man's wickelt?

Maria: Oja, bei meiner Kusine Elisabeth hab' ich's ganz gut gelernt, ich habe ihr helfen dürfen bei ihrem kleinen Johannes.

Susanne: *(beugt sich über das Jesuskind)* So ein schönes Kind!

Eva: Eigentlich ein ganz fester Brocken! Nicht?

Susanne: Ist ja gut, wenn er kräftig wird, bei der Arbeit, die er vor sich hat! So viele Menschen, die auf ihn hoffen*! (tupft zart auf das Jesuskind)* Alles Gute, du liebes Kind! Und daß du viele Freunde findest, die dir helfen!

(Die Frauen gehen ins »Haus« hinein.)

David: *(kopfschüttelnd)* Die tun sich wirklich leicht mit dem Bekanntwerden, die Frauen!

Andreas: *(zu Josef)* Was können wir arbeiten? Gib uns was zu tun, daß wir nicht so herumstehen. Holzhacken, Wasserholen, Stall misten und so, darin sind wir gut!

David: Der Thomas wär' auch im Reden gut gewesen!

Andreas: Der Thomas! Den hätt' ich fast vergessen. *(zu Josef)* Lieber Herr, hat uns der Thomas bei euch schon gemeldet?

Josef: Es war kein Thomas da!

Andreas: So ein großer Hirte mit braunen Augen …

Josef: Der war noch nicht da.

ANDREAS: Das gibt's nicht. Der ist doch schon vor uns weggegangen.

JOSEF: Er ist ALLEIN gegangen?

ANDREAS: Allein, damit er schneller vorwärts kommt.

JOSEF: Er hat vielleicht den Weg nicht gefunden.

DAVID: Ah, der kennt den Weg nach Bethlehem in- und auswendig. Jede Woche kommt er her, Käse verkaufen.

JOSEF: Den Weg zum Jesuskind findet einer, der allein geht, nur sehr schwer. Wer andere mitnimmt, findet den Weg. Aber es ist sehr, sehr schwer, nur für sich allein den Weg zu finden. *(Mit den Hirten ab ins »Haus«)*

3. Szene: *(Thomas kommt mit einer erloschenen Laterne auf die leere Spielfläche.)*

THOMAS: Also, so was hab' ich noch nie erlebt! Eigentlich wär's zum Lachen, wenn's nicht so zum Weinen wäre! Ich kann den Weg nicht finden. Den Weg, den ich bei Tag und Nacht, bei jedem Wetter kenne! Im Schlaf würde ich ihn finden … habe ich geglaubt! Und die Laterne ist mir ausgegangen, und kein Mensch in der Nähe, den ich um Licht bitten könnte! Als hätt' ich ein Brett vor dem Kopf, so komm' ich mir vor! Wie ein verirrtes Schaf, nur noch viel dümmer! *(ruft)* Hallo! Hallo! Ist da jemand? *(Ab.)*

4. Szene: *(Der Hirte Jakob sitzt in seinen Mantel gewickelt vor einem »Feuer«. Er schnitzt ein Pfeifchen. Manchmal probiert er es aus. Dazwischen horcht er immer wieder in die Nacht hinaus.)*

JAKOB: Ruft da einer? *(horcht)* Nein. Alles still. So eine Nacht, so lang wie drei Nächte hintereinander. *(pfeift)* Ah, es wird schon. *(schnitzt)* Jetzt stehen sie alle um den kleinen Heiland herum und schauen ihn an. Ach ja. Aber sie werden kommen und mir alles erzählen … *(pfeift)* Einer muß die Schafe hüten, jaja. Man kann sie nicht allein lassen. *(horcht)* Da ruft doch einer.

THOMAS: *(von weitem)* Hallo!

JAKOB: *(steht auf)* Hallo! Hierher!

THOMAS: *(stolpert herein und schaut entsetzt auf Jakob)* Jakob, bist das du?

JAKOB: Bin ich noch struppiger geworden, daß du mich nicht erkennst?

THOMAS: *(wirft sich erschöpft neben Jakob auf den Boden, versteckt das Gesicht in den Händen.)*

JAKOB: Schön, daß du gleich zu mir kommst … Also, erzähle! … Thomas, was ist denn? Was ist geschehen … dem Kind? Andreas! … Susanne! Wo?

THOMAS: Ich hab' den Weg nicht gefunden. Ich bin im Kreis gegangen, die ganze lange Zeit.

JAKOB: *(versteht nicht)* Hä?

THOMAS: Ich hab' das Kind nicht gefunden. *(setzt sich nach hinten)* Vielleicht hätt' ich mit den anderen gehen sollen …

JAKOB: Armer Thomas! Da! Warme Suppe! Magst du? *(Thomas schüttelt den Kopf.)* Warten wir gemeinsam. Sie werden uns alles erzählen!

THOMAS: Ich will niemanden sehen. Ich will niemanden hören!

JAKOB: *(begütigend)* Nanananana!

(Maria und Josef kommen aus dem Hintergrund mit dem Jesuskind, leise und eilig.)

JAKOB: Erst kommt so lange niemand, dann kommen sogar Fremde … Schauen aus wie Flüchtlinge. Und ein Kind ist auch dabei.

JOSEF: Dürfen wir an deinem Feuer rasten?

JAKOB: So lange ihr wollt. *(nimmt seinen Mantel, breitet ihn aus)* Für die Frau.

MARIA: Danke.

JAKOB: *(nach hinten zu Thomas)* Schau dir diese Leute an!

THOMAS: Laß mich. Die interessieren mich nicht.

JAKOB: *(zuckt die Schultern, zurück zum »Feuer«)* Ich will Holz nachlegen, Suppe wärmen, da im Topf. *(Betrachtet die Familie)* Auf der Flucht, he, was?

JOSEF: Wir müssen das Kind in Sicherheit bringen.

JAKOB: *(erstaunt)*

Aber geh, wer will denn einem Wickelkind was tun!

JOSEF: Einer, der um seine Macht zittert.

JAKOB: Menschen gibt's ... Aber du, das wird jetzt alles anders. Der Erlöser ist geboren. Der befreit uns von allem Bösen. Wenn er erst groß ist, der Heiland. *(Nachdenklich, sucht und findet das Bündel)* Seht, das wollte ich dem kleinen Gotteskind bringen. Aber sie haben es nicht erlaubt. Einer muß immer die Schafe hüten. *(Gibt das Bündel dem Josef.)* Ihr könnt es auch brauchen. Gutes Hirtenbrot, das bleibt lange saftig. *(zum Feuer hin)* Die Suppe ist schon warm. Da!

MARIA: Willst du das Kind halten, solange wir essen?

JAKOB: Aber ich bin so struppig.

MARIA: Mein Sohn schaut nicht drauf, ob einer struppig ist. *(Maria drückt Jakob das Jesuskind in die Hand, dann löffelt sie mit Josef die Suppe aus dem Topf.)*

JAKOB: *(ganz vorne mit dem Kind im Arm. Er hält es recht ungeschickt, aber liebevoll.)* Fürchtest du dich nicht vor mir? Nein? Ah so, es will Feuer anschauen? Lustiges, warmes Feuer, was? *(Hält das Kind so, daß es das Feuer anschauen kann.)* Und da – siehst du – die schwarzen und die weißen Schafe. Der Hirte gibt auf sie acht. Wen sich eins verirrt, dann geht der Hirt es suchen. Er hört es blöcken. Bähbäh macht das verirrte Schaf. Und der Hirt sagt: Na, da bist du ja, du Ausreißer, und er nimmt es auf die Schultern und trägt es heim. – *(nach hinten zu Thomas)* Thomas, denk dir: Mit dem Kind kann ich reden, besser als sonst mit einem Menschen. *(Thomas schweigt)* Der bockt, weißt du, mit dem muß man Geduld haben. *(betrachtet das Kind)* Er bockt, weil er das Kind von Bethlehem nicht gefunden hat. *(plötzlich zu Josef)* Woher kommt ihr?

JOSEF: Aus Bethlehem.

JAKOB: Weißt du, Kind, ich bin ein ganz dummer Mensch. Ich brauch' viel Zeit, etwas zu begreifen. *(langsam, leise)* Ich wollte so gern das Kind besuchen gehen. Womöglich ist es jetzt zu mir gekommen –

MARIA: *(tritt auf Jakob zu und nimmt ihm sanft das Kind ab)* Mein Kind freut sich, wenn die Menschen zu ihm kommen. Wer nicht kommen kann, den wird es suchen gehen. Es wird den Menschen nachgehen, nachlaufen wird es den Menschen, bis es alle gefunden hat. *(mit Blick auf Thomas)* Und wer mein Kind beim ersten Besuch nicht erkennen will, der wird es vielleicht beim zweiten, dritten, hundertsten Besuch erkennen. Mein Kind wird göttliche Geduld mit seinen Menschenbrüdern haben!

JAKOB: Geduld und Erbarmen …

JOSEF: Auf Wiedersehen, Jakob.

MARIA: Und vielen Dank für alles, Jakob.

JAKOB: *(stumm vor Staunen, starrt ihnen nach)*

THOMAS: Na, sind diese Fremden endlich weg?

JAKOB: Thomas, es war das Kind, das du gesucht hast.

THOMAS: Du bist verrückt.

JAKOB: Aber du mußt nicht verzweifeln. Es wird wiederkommen und DICH suchen.

HIRTEN: *(in fröhlichem Durcheinander von rechts auf):* Da sind wir wieder! Juchu, da sind wir wieder!

ANDREAS: Wir haben den kleinen Gottessohn gefunden!

JAKOB: Und er hat uns gesucht und gefunden.

DAVID: Wir wollen allen Menschen verkünden, daß wir ihn gesehen haben.

SUSANNE: Alle sollen die frohe Botschaft erfahren.

EVA: Wir wollen versuchen, Lieder zu singen, damit man die Frohe Botschaft überall hören kann.

DAVID: Wenn alle zusammenhelfen – *(zu Jakob)* ihr *(zu den Zuschauern)* und ihr –

(Die Hirten, vielleicht auch das Publikum, singen ein bekanntes Weihnachtslied, zum Beispiel »O du fröhliche« oder »Ihr Kinderlein kommet«.)

LENE MAYER-SKUMANZ

In Bethlehem in jener Nacht

PERSONEN: Kindergruppe (wenigstens 8 Kinder), 5 Hirten
SPIELALTER: 6 – 10 Jahre
VORZUBEREITEN:
Ein Kometstern, aus Stroh, Pappkarton oder Tonpapier
DAS SPIEL: Eine Kindergruppe steht im Halbkreis. In der Mitte hinter dem Halbkreis steht eine Krippe oder ein Krippenbild. Über der Krippe hängt ein Kometenstern. Innerhalb des Halbkreises liegen schlafend fünf Hirten.

1. Szene: Kindergruppe

1. KIND: In Bethlehem in jener Nacht
lag in der Krippe ein Kind.
2. KIND: Maria hat es zur Welt gebracht
im Stall bei Esel und Rind.
3. KIND: Der Vater Josef bewachte beide
und tat kein Auge zu.
4. KIND: Weit draußen auf der großen Weide,
da schliefen die Hirten in Ruh.
5. KIND: Auf einmal wurde der Himmel licht.
Ein leuchtender Stern zog herauf.
6. KIND: Der schien den Hirten ins Gesicht.
Sie wachten davon auf.
7. KIND: Der Stern stand über jenem Stall.
Er leuchtete licht und rein.
8. KIND: Er lud die Hirten von überall
zum Jesuskinde ein.

2. Szene: Hirten

(Drei der fünf Hirten wachen auf.)
1. HIRT: Warum bin ich nur aufgewacht?
Es ist doch allertiefste Nacht?

2. Hirt: Es ist noch Nacht, ja, das ist wahr,
es leuchten Mond und Sterne klar.

3. Hirt: Es ist noch Nacht und doch so licht.
Der Stern dort scheint uns ins Gesicht.

1. Hirt: Ich habe tief und fest geschlafen,
bis mich dann seine Strahlen trafen.

2. Hirt: *(steht auf und zeigt zum Kometenstern)*
Der Stern scheint hell und steht so still,
als ob er uns was zeigen will.
(Die Hirten stehen auf.)

3. Hirt: Er leuchtet hier, er strahlt nach dort.
Er zeigt uns einen andren Ort.

1. Hirt: *(zeigt auf 4. Hirt, der noch schläft)*
Seht unsern Jakob, er schläft noch fest.
Ob der sich gar nicht wecken läßt?

2. Hirt: Jakob, Jakob, wach doch auf,
sieh einmal zum Himmel rauf!

4. Hirt: Laßt mit dem Himmel mich in Ruh.
Ich lasse meine Augen zu.

3. Hirt: Oh, dies ist eine seltsame Nacht.
Wir sind schon alle aufgewacht!

2. Hirt: Jakob, Jakob, ein Stern zeigt dort
den Weg zu einem andern Ort.

1. Hirt: Komm mit uns, komm, wir wollen gehn,
um, was der Stern zeigt, zu besehn.

4. Hirt: *(steht auf)*
Ach, Freunde, macht nicht solch Geschrei!
Ich komm ja schon. Ich bin dabei.

2. Hirt: Auch Jonas schläft auf seinem Fell.
He, Jonas, auf, komm mit uns, schnell!

5. Hirt: *(liegt an der Seite und hebt den Kopf)*
Was lauft ihr fort in tiefer Nacht?
Was hat euch so verrückt gemacht?

1. Hirt: Komm, komm, wir laufen übers Feld,
bis dort der Strahl zur Erde fällt!

5. Hirt: Was soll denn dieser dumme Stern?
Ach, Leute, lauft und habt mich gern!
*(Die Hirten 1 bis 4 laufen zur Seite.
Der 5. Hirt winkt ab und legt sich wieder hin.)*

Lied: »Stern über Bethlehem« *1. Strophe*

3. Szene: Kindergruppe

1. Kind: Die Hirten liefen übers Feld.
Sie liefen auf allen Wegen.

2. Kind: Sie sahen den Stern am Himmelszelt
und liefen den Strahlen entgegen.

3. Kind: So lief die ganze Hirtenschar
zum Stall in Bethlehem.

4. Kind: Da strahlt der Stern so hell und klar,
wie nie zuvor gesehen.

Lied: »Stern über Bethlehem« *(2. Strophe)*
(Die Kindergruppe tritt nach rechts und links zur Seite und gibt den Blick frei auf die Krippe.)

4. Szene: Hirten

(Die 4 Hirten treten von der Seite auf.)

1. Hirt: Hier strahlt der allerhellste Schein,
hier muß das Ziel der Suche sein.

2. Hirt: Was? Dieser kleine morsche Stall?
So einen gibt es überall!

3. Hirt: Was ist denn hier Besonders dran.
Ich seh darin nur einen Mann …

4. Hirt: Ich seh daneben eine Frau,
und dort, in der Krippe, Michel, schau …

1. Hirt: Da liegt ein Baby, winzigklein.
Es liegt im hellen Sternenschein.

2. Hirt: Und alle sehn das Baby an -
das Rind, der Esel, die Frau, der Mann.

4. Hirt: Auch uns führte der Sternenschein.
Es muß mit dem Kind was Besondres sein!

Lied: »Stern über Bethlehem« *(3. Strophe)*

5. Szene: Kindergruppe

5. Kind: Die Hirten standen lange dort,
als stände still die Zeit.

6. Kind: Hier war diese Nacht der wichtigste Ort,
und alles andre war weit.

7. Kind: Sie standen lange und dachten nach. –

8. Kind: Dann gingen sie voller Glück,
als früh das Morgenlicht anbrach,
zu ihren Herden zurück.
(Die Hirten gehen langsam zur Seite.
Die Kindergruppe schließt wieder den Halbkreis.)

Musik: »Stern über Bethlehem« *(4. Strophe)*

6. Szene: Hirten

5. Hirt: *(sitzt auf dem Boden und sieht den ankommenden Hirten entgegen)*
Na, wie war's denn in der Nacht?
Wohin hat euch der Stern gebracht?
(Die Hirten treten auf.)
Ihr werdet beim nächtlichen Feldertraben
euch sicher noch erkältet haben.
Geschieht euch recht, was das auch soll!
Ihr seid verrückt! Ihr spinnt ja wohl!

1. Hirt: Nein, zanken wollen wir uns nicht.
Wir sahen das Kind, sein Friedensgesicht.

2. Hirt: Wir sahen im Stall das Jesuskind
in einer Krippe bei Esel und Rind.

3. Hirt: Mit leeren Händen waren wir dort.
Es gab keine Milch, keinen Käse am Ort.

4. Hirt: Zwar gab es Wärme von den Tieren,
doch werden die Leute, wenn's kalt ist, frieren.

1. Hirt: Wir sollten morgen wieder hingehn
und nach dem Kind und den Eltern sehn.

2. Hirt: Ich nehme dann Käse mit vom besten …

3. Hirt: Und ich aus Schafsfell warme Westen …
4. Hirt: Ich bringe frische Milch für den Kleinen …
1. Hirt: Und ich nehme Mäntel mit aus Leinen …
2. Hirt: Ich bringe weiche, kuschlige Felle …
3. Hirt: Wir bringen dies heute noch,
jetzt auf der Stelle!
4. Hirt: Laßt uns gehn mit den guten Sachen,
um Kind und Eltern Freude zu machen!
5. Hirt: Na, das ist nun ja allerhand.
Da geh ich mit und bin gespannt.
(*Alle gehn zur Seite ab.*)

7.Szene: Kindergruppe

1. Kind: In Bethlehem, in jener Nacht
lag in der Krippe ein Kind.
2. Kind: Maria hat es zur Welt gebracht
im Stall bei Esel und Rind.
3. Kind: Der Vater Josef bewachte beide
und tat kein Auge zu.
4. Kind: Weit draußen auf der großen Weide,
da schliefen die Hirten in Ruh.
5. Kind: Der leuchtende Stern hat sie aufgeweckt,
sie folgten dem hellen Licht.
6. Kind: Er hat ihnen einen Weg entdeckt
zum Kind mit dem Friedensgesicht.
(*Die Kinder treten zur Seite, so daß die Krippe wieder sichtbar ist.*)
7. Kind: Der Stern steht immer noch über dem Stall.
Er leuchtet licht und rein.
8. Kind: Er lädt die Menschen von überall
zum Jesuskinde ein.
(*Gemeinsames Weihnachtslied, z. B. »O du fröhliche«, »Stern über Bethlehem«. Währenddessen bringen die Hirten ihre Gaben.*)

Horst Bartnitzky

III Dreikönigspiele

Sie sahen den Stern

Dieses Spiel kann ohne großen Aufwand gespielt werden. Es eignet sich für die Aufführung in der Kirche im Rahmen eines Familiengottesdienstes oder für den Kindergottesdienst. Es läßt sich aber auch denken, daß das Spiel im Religionsunterricht nur mit verteilten Rollen gelesen wird, wenn die Zeit für die Einstudierung fehlt.

Da die Weisen selber nicht auftreten, ist eine Kostümierung der Spieler kaum erforderlich. Die Kinder spielen Kinder, denn auch die beiden Diener sind als eine Art Pagen kaum älter als die übrigen Kinder gedacht. Auf diese Weise werden die Kinder nicht überfordert und in Rollen gedrängt, denen sie noch in keiner Weise gewachsen sind. Der Sinn eines solchen Spiels liegt vielmehr darin, daß das Weihnachtsereignis den Kindern zur lebendigen Gegenwart wird, daß sie es als Kinder von Jerusalem miterleben, wenn nach dem neugeborenen König gefragt und gesucht wird, daß sie mit dabei sind, wenn der Stern über dem Stall leuchtet, daß sie mitstaunen über den König aller Könige, der in so großer Armut zur Welt kam und daß sie es genau wie der Jakob im Spiel nie vergessen: Gott hat uns den König und Retter gesandt, der alle Tage für uns da sein will.

PERSONEN: Jakob, Jona, Ruth, Ari, Daniel
SPIELALTER: 8 – 12 Jahre

1. Szene: Auf einer Straße in Jerusalem

JAKOB: *(zunächst allein auf der Straße, ruft die anderen Kinder herbei)* Ruth! Jona! Kommt schnell! Da drüben gibt's was zu sehn!

RUTH: *(kommt sehr langsam, uninteressiert)* Ach, was wird das schon sein!

JONA: *(kommt hinterher)* Glaub's nur nicht, Ruth! Jakob will dich bloß wieder anführen.

JAKOB: Nein, wirklich nicht. Beeilt euch doch, sonst ist die Karawane gleich vorbeigezogen.

Ruth: *(läuft eilig auf Jakob zu, stellt sich neben ihn)* Eine Karawane? Wo?

Jakob: *(zeigt)* Da, sieh doch, die Kamele! Jetzt halten sie sogar an und steigen ab.

Jona: Das müssen reiche Herren sein. Sieh nur, wieviel Gepäck sie bei sich haben.

Ruth: Was in den großen Bündeln wohl drin ist, das möchte ich zu gern wissen. Bestimmt Gold und Silber und Edelsteine!

Jakob: Ach wo, du denkst immer gleich an Märchenprinzen! Das werden Kaufleute sein, die feine Stoffe und Gewürze hierher bringen.

Ruth: Wo sie wohl herkommen?

Jona: Sie sehen so staubbedeckt aus, als wären sie lange unterwegs.

Jakob: Vielleicht kommen sie aus Saba oder aus Babylon.

Ruth: Jetzt holt der Große etwas aus seinem Gepäckballen. Was ist das für eine merkwürdige Rolle, Jakob?

Jakob: Oh, das ist eine Pergamentrolle, eine Schriftrolle. Dann sind es doch keine Kaufleute, dann müssen es Gelehrte sein.

Ruth: Was du schon wieder weißt! Das sind doch Fremde! Wie können sie da Schriftgelehrte sein, die kennen ja unsere heiligen Schriften gar nicht.

Jakob: Das hab' ich auch gar nicht gesagt, daß es Schriftgelehrte sind!

Ruth: Hast du doch gesagt!

Jakob: Hab' ich nicht gesagt, es gibt nämlich auch Gelehrte, die andere Sachen studieren als die Schrift!

Jona: Streitet euch doch nicht so laut! Die Herren werden noch auf uns aufmerksam. Da, siehst du, jetzt hat sich der Kleine da umgedreht.

Jakob: Er kommt über die Straße!

Ruth: Das ist doch nur der Diener.

Jona: Aber was will er von uns?

Ari: *(kommt)* Sagt mal, ihr kennt euch doch sicher hier in Jerusalem gut aus?

JAKOB: Natürlich. Sollen wir dich zu einer Herberge führen?

ARI: Nein, nein, meine Herren wollen nicht eher rasten, als bis sie gefunden haben, was sie suchen. Deshalb haben wir die weite Reise von Babel bis hierher gemacht.

RUTH: Habt ihr etwas Wichtiges verloren, dann wollen wir euch gern suchen helfen.

ARI: Nein, so hab' ich das Suchen nicht gemeint, verloren haben wir nichts, aber meine Herren suchen den neugeborenen König der Juden, sie haben seinen Stern gesehen, und nun wollen sie den neuen König sehen und vor ihm niederknien.

JONA: Einen neugeborenen König suchen sie? Hier in Jerusalem gibt's nur den König Herodes, und der ist schon alt.

ARI: Vielleicht hat er vor kurzem einen Sohn bekommen?

RUTH: Nein, darüber hätten bestimmt alle Leute auf dem Markt und auf den Gassen geredet, aber es ist nichts davon in der Stadt bekannt. Ihr müßt euch irren.

ARI: Aber ich sag' euch doch: Sie haben seinen Stern gesehen!

JAKOB: Seinen Stern? Was für einen Stern?

ARI: Wißt ihr, meine Herren sind sehr gelehrte Männer. Sie kennen alle Sterne und wissen, welche Bahn sie ziehen, sie sind Sternenkundige.

JAKOB: *(zu Ruth)* Siehst du, ich hab dir's gleich gesagt: Es sind Gelehrte.

ARI: Ja, und weil sie sich bei den Sternen so gut auskennen, da ist ihnen eines Nachts ein neuer Stern aufgefallen, und sie wußten gleich, dieser Stern zeigt die Geburt eines neuen Königs in Israel an.

RUTH: Und darum seid ihr nun hier, um diesen neugeborenen König zu verehren, und hier weiß man gar nichts von seiner Ankunft!

JONA: Da werden deine Herren sicher sehr enttäuscht sein.

ARI: Wenn wir den neugeborenen König hier nicht finden, dann werden wir eben weiterziehen, bis das Ziel unserer Reise erreicht ist. Das Beste wird es sein, wenn ich jetzt erst einmal im Palast des Herodes nachfrage, vielleicht können wir da wenigstens eine Auskunft bekommen, wohin wir uns wenden müssen.

JAKOB: Dann komm, wir bringen dich gern zum Palast des Herodes. *(Alle gehen weg.)*

2. Szene: Vor dem Palast des Herodes

DANIEL: *(kommt aus dem Palast, ruft Ari, der vor dem Palast auf eine Nachricht gewartet hat)*
He, Ari, bist du da? Ich hab eine Botschaft auszurichten von meinem König.

ARI: Nun, was gibt's? Hat Herodes herausbekommen, wo wir den neugeborenen König finden werden?

DANIEL: Ja, stell dir vor: Die Schriftgelehrten haben uns ein Prophetenwort genannt. Es steht bei dem Propheten Micha, und demnach muß der neue König in Bethlehem geboren sein.

ARI: Bethlehem heißt der Ort: Ist das auch eine große, bedeutende Stadt wie Jerusalem?

DANIEL: Ach wo, das ist ein ganz kleines Nest! Also ganz unter uns gesagt: Ich glaub' ja nicht, daß ihr da einen König findet! Aber die Botschaft meines Königs an deine Herren lautet: »Macht euch auf den Weg nach Bethlehem und stellt gründliche Nachforschungen nach dem Königskind an, und wenn ihr es gefunden habt, dann schickt mir gleich einen Boten, denn ich will dann auch kommen und vor dem Kinde niederknien.«

ARI: Das hat er wirklich gesagt, er wollte dann auch zu dem neugeborenen König kommen?

DANIEL: Wie ich es sagte! Dir kommt das unwahrscheinlich vor, wie?

ARI: Unwahrscheinlich nicht, aber ich bin sehr erstaunt! Als ich heute morgen nach dem neugeborenen König fragte, dessen Stern die Sternkundigen gesehen haben, da machte Herodes ein Gesicht, als hätte er Essig statt Wein zu trinken bekommen! Hat er Angst um seinen Thron?

DANIEL: Pst. Sprich leiser! *(flüstert)* Darüber darf nicht gesprochen werden, aber es ist ein offenes Geheimnis: Herodes hat aus dieser Angst heraus seine beiden Söhne umbringen lassen! Ja, das ist es. Weißt du nun, warum Herodes gleich Nachricht haben will, wenn deine Herren das Kind gefunden haben?

ARI: Ich mag es mir gar nicht ausdenken! Da wünsche ich mir fast lieber, wir würden den neugeborenen König niemals finden!

DANIEL: Das wäre deinen Herren sicher nicht recht, aber ich weiß auch nicht, ob ich euch für eure Suche Erfolg wünschen soll!

ARI: Auf welchem Weg kommen wir nun am schnellsten nach Bethlehem?

DANIEL: Dazu nehmt ihr am besten einen Führer mit, der den Weg genau kennt. Wie wäre es mit Jakob? Ich sah euch heute zusammenstehen. Er war schon oft in Bethlehem. Er hat Verwandte dort.

ARI: Danke für den Rat, ich werde ihn fragen.

DANIEL: Und nun eile und richte den Sternkundigen die Botschaft des Herodes aus!

ARI: Du hast recht, sie werden schon auf Nachricht warten. *(Er geht weg.)*

3. Szene: Auf dem Weg nach Bethlehem

(Jakob und Jona begleiten Ari auf dem Weg nach Bethlehem.)

JAKOB: *(setzt sich)* Laßt uns einen Augenblick rasten, bis die Herren nachgekommen sind.

ARI: *(setzt sich auch)* Ich bin sehr froh, daß ihr uns begleiten durftet. Ohne eure Hilfe wären wir nicht so schnell vorangekommen.

JONA: *(setzt sich neben Jakob)* Jakob kennt sich hier in der Gegend recht gut aus.

JAKOB: Mein Onkel wohnt in Bethlehem. Er ist Schafhirt und kennt alle Wasserstellen und hat sie mir gezeigt.

ARI: Die Wasserstellen sind immer das Wichtigste bei einer weiten Reise, damit die Tiere rechtzeitig getränkt werden können.

JONA: Wie lange werden wir noch bis Bethlehem brauchen, Jakob?

JAKOB: Bei der nächsten Wegbiegung kannst du schon die ersten Häuser erkennen.

ARI: Dann sind wir gleich am Ziel? Aber wie sollen wir dort den neugeborenen König finden?

JONA: Das stelle ich mir gar nicht so einfach vor. Wenn wir in jedes Haus gehen und fragen: Ist hier vielleicht der König der Juden geboren? Dann werden uns die Leute auslachen und für betrunken halten!

JAKOB: So töricht werden sich die Gelehrten bestimmt nicht benehmen. Ich bin sicher, die werden einen besseren Plan haben.

ARI: Aber wo bleiben sie nur? Sie waren doch gleich hinter uns? Es wird bald Nacht sein, darum sollten wir uns nicht mehr so lange hier aufhalten.

JAKOB: Ich werde ein Stück zurücklaufen und nachsehen, wo sie bleiben. *(Er geht zur Seite und kommt gleich zurück)* Ari, Ari, komm schnell! Es muß etwas geschehen sein! Deine Herren sind von ihren Kamelen abgestiegen und zeigen ganz aufgeregt an den Himmel!

ARI: *(springt auf)* An den Himmel?

JONA: *(guckt nach oben)* Was soll da schon sein? Es wird gleich dunkel.

(Ari und Jona gehen mit Jakob ein Stück zur Seite.)

JAKOB: Siehst du sie dort auf dem Hügel, Ari?

JONA: Sie haben einen Stern entdeckt. Sie zeigen auf einen großen glänzenden Stern!

JAKOB: So einen leuchtenden Stern hab' ich noch nie gesehen!

ARI: Das muß der gleiche Stern sein, der Stern, den sie bei uns im Osten gesehen haben! Sonst wären sie nicht so aufgeregt.

Jona: Das ist der Stern, der den neugeborenen König angezeigt hat?

Ari: Ja, ja, wir sind am rechten Ort!

Jona: Schau, Jakob, der Stern steht ganz still zwischen den Bäumen, aber ist da nicht auch ein Haus? Steht der Stern nicht genau über einem Dach?

Ari: Das ist das Haus, dort muß der König, den wir suchen, zu finden sein! Ich muß zu meinen Herren zurück. Wartet hier auf mich!

(*Er eilt fort.*)

Jakob: *(ihm nachrufend)* Ari, das ist kein Haus! Ich weiß es genau! Bleib doch hier, Ari!

Jona: Er hört dich nicht mehr, Jakob. Ich sehe aber von hier aus ganz deutlich das Dach. Wie kannst du sagen, da ist kein Haus?

Jakob: Ich meinte, es ist kein richtiges Wohnhaus. Da hinten zwischen den Bäumen liegt ein alter Stall, der nur noch selten benutzt wird.

Jona: Das verstehe ich nicht. Der Stern hat doch die gelehrten Männer dorthin geführt! Meinst du, ein König könnte in einem Stall geboren werden?

Jakob: Ich weiß es nicht, gehört habe ich so etwas noch nie.

Jona: Aber der Stern steht über dem Dach des Stalles. Ich seh es ganz deutlich. Der König MUSS dort zu finden sein.

Jakob: Wenn die Sternkundigen ihn nicht gefunden hätten, wären sie ja sicher schon zurückgekehrt.

Jona: Du hast recht. Aber was hat das alles zu bedeuten, Jakob? Dieser wunderbare Stern, der den König angekündigt hat und die Sternkundigen einen so weiten Weg geführt hat, und bei uns weiß keiner etwas von diesem König, und dann wird er schließlich in einem Stall gefunden!

Jakob: Vielleicht weiß Ari eine Antwort darauf. Dort kommt er nämlich!

(*Jakob und Jona laufen ihm entgegen.*)

Jona: Ari, habt ihr den König gefunden?

ARI: Ja, meine Herren sind voller Freude darüber.

JAKOB: Aber warum ist er in einem Stall geboren? Ist er kein richtiger König?

ARI: Ja, ich dachte zuerst auch: Alles spricht dagegen, daß dieses Kind in dem Stall ein König ist. Es hat noch nicht einmal eine Wiege oder ein Bett, sondern liegt in einer Futterkrippe, und doch haben meine Herren es als König verehrt. Sie haben ihre Knie vor ihm gebeugt und ihm Geschenke überreicht wie dem mächtigen Herrscher eines großen Reiches: Gold, Weihrauch und Myrrhe, denn dieses Kind ist der Heiland und Retter der ganzen Welt.

JONA: Woher weißt du das alles, Ari?

ARI: Dort bei dem Stall ist mir ein alter Hirte begegnet. Der wußte viel zu erzählen von den heiligen Schriften eurer Propheten. In denen soll es stehen, daß euer Volk auf einen König aus Davids Stamm warten soll, den Gott zur Rettung der ganzen Welt schickt, aber er wird seine Macht und Herrlichkeit verborgen halten und ein armer König sein, der viel erdulden muß.

JAKOB: Jetzt fällt mir ein, daß mein Großvater auch oft von dem Messias, dem Heiland, spricht und daß unser Volk schon lange auf ihn wartet.

JONA: Und jetzt hat alles Warten ein Ende! Der König ist schon da!

JAKOB: Da wird der Großvater froh sein.

JONA: Wie wird Ruth staunen, wenn wir ihr das alles erzählen.

JAKOB: Wann brechen wir zur Heimreise auf, Ari? Ich kann's kaum erwarten, alles, was wir erlebt haben, zu Hause zu erzählen.

ARI: Ihr müßt leider allein nach Jerusalem zurückkehren. Meine Herren wählen für ihre Rückreise einen anderen Weg.

JONA: Aber warum denn nur? Waren wir euch etwa keine guten Reiseführer?

ARI: Doch, ihr habt eure Sache gut gemacht, und wir sind euch sehr dankbar für eure Begleitung. Aber meine Herren haben im Traum den ausdrücklichen Befehl erhalten, nicht nach Jerusalem zurückzukehren, und ich bin sehr froh darüber, denn der Diener des Herodes hat mir einiges über die Grausamkeit seines Königs erzählt. Es ist besser, Herodes erfährt nichts davon, daß meine Herren den neugeborenen König gefunden haben.

JAKOB: Im Traum haben deine Herren diesen Befehl erhalten? Dann hat Gott selbst zu ihnen gesprochen. Gott will das Kind vor Herodes schützen.

JONA: Und wenn Herodes nun doch erfährt, daß der neugeborene König dort im Stall zu finden ist?

JAKOB: Dann wird Gott diesen König zu retten wissen, das ist ganz sicher.

ARI: Ja, auch ich bin dessen ganz gewiß. Wenn Gott die Sternkundigen durch einen Stern bis zur Krippe geführt hat auf langen mühsamen Wegen und durch manche Gefahr, dann wird er auch Wege finden, um den von ihm gesandten Heiland vor dem Haß des Herodes zu bewahren.

JONA: Doch jetzt trennen sich unsere Wege. Leb wohl, Ari.

ARI: Lebt wohl, ihr beiden.

JAKOB: Hab Dank, Ari, daß wir dich begleiten durften und so den Stern gesehen haben und die frohe Kunde hörten, daß Gott uns den König und Retter geschickt hat. Das wollen wir nie vergessen. Leb wohl.

(*Sie gehen in verschiedene Richtungen auseinander, Jona und Jakob nach links, Ari nach rechts.*)

RENATE ZIEGLER

Die drei Könige

PERSONEN:	Erzähler, Arne, Finju, König, Hofmeister
SPIELALTER:	8 – 12 Jahre

ERZÄHLER: Finju gehörte zu den Leuten, die immer unterwegs sind, um Menschen mit ihren Späßen und Zauberkünsten zu unterhalten. Finju konnte so gut auf der Laute spielen wie sonst niemand im Land. Oft wurde er eingeladen. Dann durfte er sich satt essen an reich gedeckten Tischen. Jetzt aber war es kalt. Seine Finger waren steifgefroren. Die Saiten der Laute konnte er so nicht greifen. Niemand machte ihm die Tür auf. Nirgendwo wurde er eingeladen. Eines Abends stapfte Finju durch den tiefen Schnee. Weit und breit war kein Haus zu sehen. Plötzlich entdeckte er eine dunkle Gestalt, die auch durch die weiße Ebene schritt. Finju jubelte vor Freude und rief, so laut er konnte. Der Fremde blieb stehen. Als Finju sich ihm näherte, sah er, daß es ein alter Mann war, hager und etwas zerlumpt. Finju schaute dem Fremden ins Gesicht und erkannte, daß der Alte blind war.

ARNE: Wer bis du?

FINJU: Ich bin Finju, der Lautenspieler.

ARNE: Finju! Du bist der König unter den Lautenspielern. Ich kenne dich. Auf einer Hochzeit hast du wunderschön gespielt.

FINJU: Das ist lange her. Aber du, wer bist du?

ARNE: Ich bin Arne. Manche nennen mich den Bettlerkönig.

ERZÄHLER: Finju erinnerte sich an einen alten blinden Geschichtenerzähler, den man »Bettlerkönig« nannte. Er bettelte mit so viel Würde, daß die Leute gar nicht daran dachten, einen gewöhnlichen Bettler vor sich zu haben. Mit seinem weißen Bart und dem grauen Haar sah er auch eher aus wie ein König. Nur die Krone fehlte und die prachtvollen Kleider.

ARNE: Junge, was treibt dich zu dieser Jahreszeit über die große Ebene?

FINJU: Die Wintersonnenwende und das Fest, das jetzt am Hof des Königs gefeiert wird. Vielleicht kann ich dort aufspielen und mich aufwärmen, denn meine Finger sind ganz steif vor Kälte.

ARNE: Nun, nun! Du kennst den König nicht. – Wenigstens haben wir den gleichen Weg. Komm, gib mir deinen Arm, dann schreiten wir zusammen weiter.

ERZÄHLER: Es war mühsam, bei jedem Schritt sanken sie ein und zogen eine wacklige Spur in den Schnee.

ARNE: Du spielst zwar wie ein König, aber du hustest und hast eisige Hände. Es ist nicht gut, daß du so viel draußen bist.

FINJU: Das ändert sich, wenn wir aufs Schloß kommen. Hei! Das gibt ein Fest!

ERZÄHLER: Ein Stern ging auf, groß und leuchtend. Die beiden gingen schweigend durch die klare Nacht. Nur einmal bat Finju:

FINJU: Arne, erzähle mir eine Geschichte.

ARNE: Unser Leben ist voller Geschichten. Vielleicht erleben wir beide die wunderbarste Geschichte unseres Lebens.

ERZÄHLER: Beide gingen schweigend weiter und hingen ihren Gedanken nach. War es nicht eine wunderschöne Geschichte, daß sie sich in dieser Nacht getroffen hatten, wo sie mühsam durch den Schnee stapften, wo einer für den anderen so wichtig war. Endlich kamen sie beim Schloß an. Es war festlich beleuchtet. Auf ihr Pochen öffnete sich die Tür. Man wies ihnen – abseits von der königlichen Tafel – einen Tisch zu. Arne und Finju fielen hungrig über die köstlichen Speisen her. Nach einer Weile flüsterte Finju:

FINJU: Arne, ich weiß nicht, aber ich werde hier nicht warm. Meine Hände sind immer noch steif vor Kälte.

ERZÄHLER: An festlich gedeckten Tischen saßen vornehme Leute, die mechanisch mit den Köpfen nickten, wenn der König etwas sagte. Alle saßen steif vornübergebeugt. Niemand wagte ein lautes Wort. Nur manchmal erklang ein lautes:

»Jawohl, Majestät!« und dann war wieder alles totenstill. Finju flüsterte:

FINJU: Die Stille draußen in der Ebene war viel schöner. Schau dir den mißmutigen König an. Er verbreitet eine eisige Atmosphäre.

KÖNIG: Man spricht von einem neuen Stern. Das beunruhigt mich. Ist das Sternzeichen wenigstens gut für mich?

HOFMEISTER: Majestät, Sternzeichen sind schwer zu deuten. Der neue Stern sagt, daß ein großer Fürst erschienen ist. Damit kannst nur du gemeint sein. Laß uns auf dein Glück und Wohlergehen trinken.

KÖNIG: Die Gaukler sollen aufspielen!

ERZÄHLER: Es waren noch einige Männer von weither mit ihren Instrumenten gekommen. Alle schauten jetzt auf Finju. Sie kannten ihn und wußten, daß sich keiner mit ihm vergleichen konnte. Finju hustete verlegen und sagte zu Arne:

FINJU: Ich kann hier nicht spielen … jetzt nicht!

ERZÄHLER: Aber der König stampfte ungeduldig mit den Füßen auf. Da griff Finju in die Saiten. Es klang so schrill und falsch, daß alle kicherten. Arne erhob sich und sagte:

ARNE: Majestät, Finju ist der beste Lautenspieler im Lande. Aber seine Finger sind steif vor Kälte. Wir hofften, hier etwas Wärme zu finden. Habe Geduld mit ihm!

KÖNIG: *(wütend)* Was nützt mir ein Spieler, der nicht spielen kann! Bettler kann ich nicht sehen. Er soll spielen, oder ich hetze die Hunde auf ihn!

FINJU: Hier kann ich mich nicht aufwärmen. Ich gehe!

ERZÄHLER: Er stand auf, nahm seine Laute und schritt in die Kälte hinaus, ohne sich umzudrehen. Arne folgte ihm.

ARNE: Zurück kommen wir nicht mehr, Finju! Das ist zu weit. Und sonst wohnt hier niemand.

FINJU: Arne, komm, wir folgen dem Stern, der leuchtend am Himmel steht.

ERZÄHLER: Arnes Augen blickten nicht mehr so leer wie zuvor. Der helle Schein spiegelte sich in ihnen. Verwundert sagte er:

ARNE: Ich sehe Licht! Ich sehe!

ERZÄHLER: Finju freute sich, nahm ihn beim Arm und führte ihn auf der hellen Spur vorwärts. Doch dann hörten sie Pferdegetrampel, das immer näher kam. Sie blieben stehen und warteten.

KÖNIG: Nehmt sie gefangen! Sie haben mich beleidigt. Das sollen sie büßen.

ERZÄHLER: Die Knechte sprangen von den Pferden und liefen auf die beiden zu. Arne streckte die Arme aus, um sich freiwillig fesseln zu lassen.

ARNE: König, wir haben dir nichts getan. Aber vielleicht bist du unser Retter. Es ist kalt hier draußen, und niemand ist da, der uns aufnehmen könnte.

KÖNIG: Wohin wollt ihr denn gehen in dieser Nacht?

FINJU: Wir folgen dem Stern. Siehst du nicht, wie er leuchtet? Wenn du willst, kannst du mit uns kommen!

ERZÄHLER: Der König war verblüfft. Er schaute zum Stern, dann zu den beiden Wanderern. Er schickte seine Knechte zum Schloß zurück.

KÖNIG: Seltsam, aber ich habe Lust, mit euch zu gehen.

ERZÄHLER: Er griff nach den Zügeln. Zusammen schritten die drei Könige auf der leuchtenden Spur weiter. Vor einer armseligen Hütte hielten sie an. Verwundert sagte der König

KÖNIG: Ein Haus habe ich hier noch nie gesehen. Wer mag hier wohnen?

ERZÄHLER: Arne pochte an die Tür. Knarrend ging sie auf. Verwundert schauten sie hinein. Kein Tisch, kein Schrank, kein Bett war in der Hütte. Eine Frau beugte sich über eine Futterkrippe. Als die Fremden näher traten, sahen sie auch das Kind. Es war nur in Windeln gewickelt. Es fror. Arne strich sich mit der Hand über das Gesicht. Überrascht rief er aus:

ARNE: Kind, ich kann dich sehen! Licht geht von dir aus!

ERZÄHLER: Er nahm den Schafspelz, den er um die Hüften gebunden hatte und hüllte behutsam das Kind darin ein. Jubelnd rief er:

Arne: Mir sind die Augen aufgegangen über dem Kind!

Erzähler: Finju griff zur Laute und spielte, wie er noch nie zuvor gespielt hatte. Alle lauschten. Als er endlich aufhörte, griff der König nach der goldenen Kette, die ihm um den Hals hing, und legte sie zu Füßen des Kindes nieder. Allen Schmuck, an dem sonst sein Herz hing, gab er schweigend ab.

König: Ich wußte nicht, daß es in meinem Reich so arme Leute gibt. Kommt mit in mein Schloß. Ich habe Platz genug. Ab heute werde ich dafür sorgen, daß niemand in meinem Reich Not leidet.

Erzähler: Als sie gemeinsam zurückgingen, sagte Arne zu Finju:

Arne: Weißt du jetzt, warum wir in der kalten Nacht über die große Ebene kamen?

Erzähler: Finju lächelte.

Finju: Arne, diese wunderschöne Geschichte muß du mir nicht erzählen. Aber es wird deine beste sein.

Heriburg Laarmann
(nach: »Drei Könige« von Kurt Baumann u. Josef Palecek, Nord-Süd-Verlag, Mönchaldorf und Hamburg 1982)

Den Stern sehen

PERSONEN: Lektor, Balthasar, Diener, Irenus, Mädchen, alter Mann
SPIELALTER: 8 – 12 Jahre
VORZUBEREITEN:
Sterne, die nach dem Gottesdienst zu Kranken gebracht werden. Bilder zur Geschichte malen lassen.

Evangelium: Die Huldigung der Sterndeuter, Mt 2,1-12
LIED: »Stern über Bethlehem«, *1. + 2. Str.*

Rollenspiel: *Bilder zur Geschichte an entsprechenden Stellen einsetzen*

LEKTOR: Balthasar war ein freundlicher und gütiger König. Er war einer der Klügsten, die jemals im Morgenland regiert hatten. Jede Nacht las er in den Sternen. Sie redeten zu ihm wie funkelnde Buchstaben, die auf ein dunkles Tuch gestickt sind. Sie berichteten ihm ob die kommenden Jahre fröhliche Feste, reiche Ernten oder aber Krieg und Überschwemmungen bringen. Eines Abends entdeckte er einen Stern, der heller strahlte als alle anderen, einen Stern, den Balthasar noch nie zuvor gesehen hatte. Wie ein riesiges Feuer glühte er am dunklen Himmel. Lange betrachtete der König das strahlende Licht. Dann holte er sich das alte Buch und las nach, was die Propheten darin aufgeschrieben hatten.

BALTHASAR: »Ein Stern wird erscheinen, größer und heller, als ihn Menschen jemals gesehen haben. Dann ist ein Fürst geboren, der über Himmel und Erde herrschen wird. Den Menschen wird er den Frieden bringen.« Ich liebe auch den Frieden, ich bin gegen Streit und Krieg. Ich weiß, wie schwer es ist, für Frieden zu sorgen. Vielleicht kann ich ihm dabei helfen. Ich muß zu ihm hin, ich will ihn sehen.

LEKTOR: Er warf sich einen Mantel um und eilte in den Hof, wo er den Dienern befahl:

BALTHASAR: Stellt Kamele und Pferde für eine lange Reise bereit.

DIENER: Wohin geht es?

BALTHASAR: Ich weiß es nicht! Wir folgen dem Stern.

LIED: »Stern über Bethlehem, nun bleibst du stehn« *(2. Strophe)*

LEKTOR: Bald waren die Pferde gesattelt. Soldaten, die den König begleiten sollten, saßen auf. Kamele, die mit einem Auge schliefen oder unzufrieden brüllten, trugen Wassergefäße und Proviantsäcke auf ihren Rücken. Der Lärm hatte den jungen Prinzen Irenus geweckt. Schnell verließ er sein Zimmer, rannte die Treppe hinunter und eilte zu seinem Vater.

IRENUS: Vater, wohin gehst du?

BALTHASAR: Ein Friedensfürst ist geboren, ich will zu ihm hin und ihm einen goldenen Kelch schenken.

IRENUS: Ich möchte dich begleiten.

BALTHASAR: Das geht nicht. Geh wieder schlafen, Irenus!

LEKTOR: Die Karawane setzte sich in Bewegung. Irenus kehrte in sein Zimmer zurück und kleidete sich an.

IRENUS: Den Friedensfürsten will ich auch sehen. Der Stern wird mir auch den Weg zeigen. Vater bringt dem neugeborenen König einen goldenen Kelch. Ich schenke ihm meine drei liebsten Spielsachen.

LEKTOR: Er packte einen roten Ball ein.

IRENUS: Der glänzt genauso schön wie der Kelch meines Vater.

LEKTOR: Dann steckte er sein Lieblingsbilderbuch ein und rief Pluton, seinen weißen Hund. Als er ihn an die Leine nahm, war er einen Moment lang unsicher, ob er sich auch von ihm trennen könnte. Irenus verließ den Palast und wanderte die ganze Nacht. Der Stern zeigte ihm den Weg. Als die Sonne aufging, kam er zu einem kleinen Dorf. Da entdeckte er ein Mädchen, das weinte.

MÄDCHEN: Alle Kinder lachen mich aus, weil ich so dick bin. Niemand will mit mir spielen.

IRENUS: Nimm diesen Ball, dann hast du einen Spielkameraden.

LEKTOR: Das Mädchen konnte es kaum glauben, daß es den schönen Ball wirklich behalten durfte.

Als der Stern wieder hell am Himmel leuchtete, wanderte Irenus weiter. Am nächsten Morgen ging er in ein kleines Haus. Darin fand er einen Mann, der vor sich hinstarrte und von Zeit zu Zeit laut seufzte.

IRENUS: Was fehlt dir? Warum bist du nicht froh und glücklich?

ALTER MANN: Mir tun alle Knochen weh. Ich bin alt und krank. Früher bin ich von Stadt zu Stadt gezogen und habe etwas von der Welt gesehen. Jetzt komme ich nicht einmal mehr bis zum nächsten Haus. Am liebsten möchte ich sterben.

IRENUS: Ich schenke dir mein liebstes Bilderbuch. Es gehört jetzt dir. Du wirst darin die ganze Welt finden mit all ihren Pflanzen und Tieren.

LEKTOR: Der alte Mann öffnete das Buch vorsichtig.

ALTER MANN: Auch Verse stehen darin. Sie werden mit mir reden. Jetzt bin ich nicht mehr so allein.

LEKTOR: Die dritte Nacht wollte kein Ende nehmen. Irenus' Füße schmerzten, und Pluton keuchte. Aber der Stern strahlte wie nie zuvor. Am nächsten Morgen durfte Irenus in einem Bauernhaus ausruhen. Ein gleichaltriger Junge lag dort krank im Bett. Durch sein krankes Bein war er gezwungen, monatelang im Bett zu liegen. Als er sah, wie Irenus ohne Mühe gehen und stehen konnte, preßte er die Lippen aufeinander, drehte den Kopf zur Wand und sagte kein Wort mehr. Irenus mochte fragen und fragen, er bekam keine Antwort. Pluton war zum Spielen aufgelegt und sprang an Irenus hoch. Als sein Freund ihn nicht beachtete, hüpfte er mit einem Satz auf das Bett und kitzelte den kranken Jungen mit Zunge und Pfoten so lange, bis dieser lachen mußte, sich umdrehte und ihn streichelte. Irenus sah es, nahm die Leine seines Hundes und drückte sie mit Tränen in den Augen dem Jungen in die Hand.

IRENUS: Er gehört jetzt dir!

LEKTOR: Seinen besten Spielkameraden einfach hierzulassen und nie wiederzusehen, das tat ihm weh. Er rannte in die Nacht hinaus, möglichst weit weg von Pluton. Er rannte, ohne auf den Weg zu achten, stolperte, rannte weiter, bis er umfiel, erschöpft liegenblieb und sofort einschlief. Als er wieder zu sich kam, fühlte er sich seltsam ausgeruht und glücklich. Auch an Pluton zu denken schmerzte ihn plötzlich nicht mehr. Er sah den Stern, der wie die Sonne über einem Dorf stand und dort ein Haus in goldenes Licht tauchte. Im Haus sah er eine Frau und einen Mann, die sich lächelnd über ein kleines Kind beugten. Er war beim neugeborenen Friedensfürsten. Neben seinem Vater standen zwei andere Könige. Die Könige legten ihre Geschenke zu Füßen des Kindes: eine kostbare Vase voll Myrrhe, eine silberne Schale mit Weihrauch und Balthasar einen goldenen Kelch.

LIED: »Stern über Bethlehem, wir sind am Ziel«, *3. Str.*

LEKTOR: Irenus verbeugte sich vor dem Kind und wandte sich der Frau zu. Er wollte ihr erzählen, daß sein Ball ein armes Mädchen, sein Buch einen alten Mann und sein Hund einen kranken Jungen getröstet hatten, wollte erklären, weshalb er nichts zu verschenken habe. Die Frau verstand ihn, nahm seine leeren Hände in die ihren und küßte sie. Dann nahm sie das Kind aus der Krippe und legte es Irenus in die leeren Hände. Irenus weinte fast vor lauter Glück. Nun war er der Beschenkte. Das Kind, den Friedensfürsten, trug er in seinen Händen.

LIED: »Stern über Bethlehem, kehrn wir zurück«, *4. Str.*

LEKTOR: Sind unsere Hände leer, damit sie Jesus Christus, den Friedensfürsten, aufnehmen können? Oder behalten wir alles für uns, halten wir alles fest? Jesus Christus begegnet uns wie Irenus in vielen Menschen, die in Not sind. Was wir anderen schenken, schenken wir ihm. Jesus Christus will sich an uns verschenken, will sich in unsere leeren Hände legen. Wo er angenommen wird, da ist Weihnachten, da ist ein Fest.

HERIBURG LAARMANN
(nach »Das schönste Geschenk« von Rita Bilsen und Cornelius Wilkeshuis)

Wer kommt mit nach Bethlehem?

Hirten auf dem Felde empfangen die Nachricht von der Geburt des Jesuskindes. Sie werden von Engeln aufgefordert, nach Bethlehem zu gehen. Unterwegs begegnen sie verschiedenen Leuten, die den Hirten auf dem Weg zur Krippe folgen. Menschen von unterschiedlichstem Stand und verschiedenster Herkunft schließen sich dem Zug an. Am Schluß vereint die Liebe Gottes an der Krippe alle miteinander.

PERSONEN: 3 Hirten
3 Engel
4 Kinder,
Mutter mit Kind
Bettler,
Krüppel,
Blinder,
Kaspar,
Melchior,
Balthasar,
Sternträger,
beliebig viele Sänger und Sängerinnen, bzw. Chor

SPIELALTER: 6–9 Jahre

DAS SPIEL: Die Kinder stehen im Halbkreis.
1., 2. und 3. Hirte sitzen oder schlafen in der Mitte der Bühne.
Sie erheben sich nacheinander.

1. HIRTE: *(sieht wie geblendet zum Himmel)*
Seht nur, was ist das für ein Licht,
das dort die Finsternis durchbricht?

2. HIRTE: *(reibt sich die Augen)*
Es ist doch erst um Mitternacht,
weshalb bin ich bloß aufgewacht?

3. HIRTE: *(zeigt zum Himmel)*
Ich sehe Engel im weißen Kleid.
Sie verkündigen froh eine neue Zeit.
(1., 2. und 3. Engel erscheinen.)

1. ENGEL: Liebe Hirten, fürchtet euch nicht
vor des Himmels strahlendem Licht!
Geht nur schnell nach Bethlehem,
dort werdet ihr ein Wunder sehn!
Gott hat sein Versprechen wahrgemacht,
seinen Sohn uns geschenkt in dieser Nacht.

2. ENGEL: Es ist der Heiland Jesus Christ,
der für euch auf die Welt gekommen ist.
Im Stall bei Esel, Ochs und Rind,
da findet ihr das kleine Kind.
In einer Krippe schläft es sacht,
die Tiere halten bei ihm Wacht.

3. ENGEL: Drum liebe Hirten, verliert keine Zeit,
damit ihr beim Kindlein die ersten seid.
Macht schnell auf den Weg euch,
ihr werdet schon sehn,
ein leuchtender Stern wird voraus euch gehn.
Und wem ihr begegnet, den nehmt einfach mit,
auf daß er folge eurem Schritt.
(Die drei Engel gehen ab.)

LIED: »Wer kommt mit nach Bethlehem?« *1. Strophe*

1. KIND: Ihr Hirten, was ist das bloß für ein Stern,
dem ihr folgt? Wir sahen ihn schon von fern.

2. KIND: Auch wir woll'n das Kindlein im Stalle sehn,
so laßt uns doch bitte mit euch gehn.

3. KIND: Denn Jesus liebt Kinder, ob groß oder klein.
Er heißt sie willkommen, sie sind alle sein.

4. KIND: Mein Name ist Sebastian,
ich schließe mich dem Zuge an.

MUTTER MIT KIND:
Ihr lieben Leute, haltet ein,
und laßt mich hier nicht so allein.
Wo geht ihr hin? Ich hab eine Bitt,
nehmt mich und mein Kind auf die Reise mit.

1. HIRTE: Wir gehn zum Stall nach Bethlehem.
Der Weg dorthin ist nicht bequem.

MUTTER MIT KIND:
Ich möchte trotzdem mit euch ziehn,
um vor dem Kindelein zu knien.

LIED: »Wer kommt mit nach Bethlehem?« *2. Strophe*

BETTLER: Ich bin ein armer alter Mann,
seht selbst, ich hab nur Lumpen an.
Die Straße, die ist mein Zuhaus.
Hier sitze ich tagein, tagaus.
Doch heute will ich mit euch gehn,
um das Jesuskind in der Krippe zu sehn.
Vor ihm sind alle Menschen gleich,
ob sie nun arm sind oder reich.

KRÜPPEL: Zwar bin ich reich, was nützt es mir?
Als armer Krüppel steh ich hier.
Die Beine lahm und krumm der Rücken,
so stütz ich mich auf meine Krücken.
Bei vielen Ärzten war ich schon,
jedoch umsonst für teuren Lohn.
All meine Schätze würd ich schenken,
wollt's Kindlein meiner nur gedenken!
Helft mir den Weg mit euch zu gehn,
so will auch ich das Kind anflehn.

BLINDER: Um mich herum ist ew'ge Nacht,
auch wenn die Sonne strahlend lacht.

Mein Leben lang bin ich schon blind.
Ach, könnt ich trotzdem zu dem Kind!
Ich bitt euch, laßt mich hier nicht stehn,
führt mich zum Stall nach Bethlehem!
Denn Christus ist das Licht der Welt,
das alle Finsternis erhellt.

LIED: »Wer kommt mit nach Bethlehem?« *3. Strophe*
(Kaspar, Melchior, Balthasar erscheinen)

KASPAR: Ihr lieben Leute, bleibt doch stehn!
Führt euer Weg nach Bethlehem?
Dann nehmet auf in eure Schar:
(verneigt sich)

MELCHIOR: Melchior. *(verneigt sich)*

BALTHASAR: Balthasar. *(verneigt sich)*

MELCHIOR: Wir kommen aus dem Morgenland
und haben den Stern von weitem erkannt.

BALTHASAR: Wir folgten des Sternes glänzendem Schein,
weil hier der Heiland geboren soll sein.

2. HIRTE: Ihr vornehmen und edlen Weisen
seid hier am Ziele eurer Reisen.
Denn nun sind wir in Bethlehem,
kommt, laßt uns all zur Krippe gehn.
(Alle Spieler knien im Halbkreis um eine Krippe. Die drei Hirten in der Mitte, dann jeweils links und rechts daneben Kaspar, Melchior u. Balthasar, Reichtum und Ansehen repräsentierend, bzw. Bettler, Krüppel, Blinder, Armut u. sozialen Abstieg repräsentierend, dann die übrigen Spieler.)

3. HIRTE: Du liebes Kind, nun sind wir hier
und neigen unser Haupt vor dir.
Kehr du mit deiner Liebe Schein
ganz tief in unsre Herzen ein.

1. HIRTE: Mit Schwachen, Kranken und auch Armen
(zeigt auf Bettler, Krüppel, Blinden)
hast du, o Jesuskind, Erbarmen!
Und auch den Reichen spendest du

(zeigt auf die 3 Weisen)
an deiner Krippe innre Ruh.

1., 2. u. 3. Hirte:

So laß die Liebe ewig scheinen,
die groß und klein
und krank und schwach
und arm und reich
vermag vereinen.

Lied: »Wer kommt mit nach Bethlehem?« *(4. Strophe)*

Annemarie Wolf

Wer kommt mit nach Bethlehem?

F B C
Krip - pe geht! Geht's nach links o - der rechts, o - der
F Dm
geht's ge - ra - de - aus? Du, lie - ber
B C F
Stern, wir fol - gen dei - nem Him - mels - lauf.
Refrain 2:
F B F B
Komm doch mit nach Beth - le - hem,
F B C
um das Kind in der Krip - pe zu sehn!
B F Dm
Komm doch mit, ganz e - gal, wer du bist, zu dem
F C F
Stal - le, wo das Kind ge - bo - ren ist.

2. Lieber Stern, komm und zeig uns den Weg,
wo's zum Stall zu der Krippe geht!
Leuchte hell, denn nun geht es über Stock und über Stein!
Du lieber Stern, wir folgen deinem Himmelsschein.

3. Lieber Stern, komm und zeig uns den Weg,
wo's zum Stall zu der Krippe geht!
Führe uns durch tiefe Täler über steile Bergeshöhn!
Du lieber Stern, wir wollen heute mit dir gehn.

Refrain 1:
Heut sind wir in Bethlehem,
um das Kind in der Krippe zu sehn.
Heut sind wir in der kleinen Stadt,
wo Maria einen Sohn geboren hat.

Strophe:
Lieber Stern, danke, du zeigtest den Weg,
wo's zum Stall, zu der Krippe geht!
S'ging nach links und nach rechts,
manchmal ging's geradeaus.
Du lieber Stern, wir folgten deinem Himmelslauf.

Refrain 2:
Überall ist Bethlehem,
da, wo sich die Menschen verstehn.
Komm, oh Herr, auch in unsere Stadt,
daß die Liebe bei uns eine Heimat hat.

Spielanleitung zum Lied

1–3. Strophe:

Die Hirten und die jeweils neu hinzukommenden Spieler stehen singend in der Mitte (Refrain I).

Im Mittelteil des Liedes geht der Sternträger, der den Stern von Bethlehem an einem Stab hochhält, langsam im Vordergrund von einer Seite der Bühne zur anderen.

Beim Refrain II fassen sich die Spieler an den Händen oder an der Schulter und folgen singend, in einer Art Polonaise, dem Stern.

4. Strophe:

Alle Sänger und Sängerinnen und auch die Engel stellen sich halbkreisförmig zu den anderen Spielern an die Krippe. Beim Refrain 2 geben sich alle Kinder die Hand als Zeichen der Liebe Gottes, die allen Menschen gleich gilt. Refrain II wird am Schluß wiederholt. Dieses »Sich-an-den-Händen-halten« kann an die Gemeinde bzw. Zuschauer weitergegeben werden, indem diejenigen beiden Kinder, die am Außenrand des Halbkreises stehen, jeweils mit einem Zuschauer Kontakt aufnehmen. Das »Händehalten« sollte dann innerhalb der gesamten Gemeinde weitergegeben werden. (evtl. zu Beginn ankündigen.)

Die Weisen folgen dem Stern

Der Sterndeuter Balthasar entdeckt einen Stern am Himmel, den er bis jetzt noch nie gesehen hat. Er lädt seine beiden gelehrten Freunde Kaspar und Melchior zu sich, um das Ereignis zu deuten. Alle drei folgen sie dem Stern und machen sich auf die Suche nach dem Kind, dessen Geburt der Stern ankündigt.

Das Dromedar nimmt mit seinem »Einzug« zu Beginn des Spiels und seinem »Auszug« am Schluß eine zentrale Rolle ein, nicht zuletzt auch deshalb, weil es die teuren Schätze für das Kind tragen darf. Unterwegs wird die Karawane von Räubern überfallen, die sich jedoch, als sie von der Geburt des Kindes hören, der Karawane anschließen.

Alle Beteiligten erfahren die Liebe und den Segen Gottes an der Krippe.

PERSONEN: 2 Kinder für das Kamel bzw. Dromedar
Kaspar
Melchior
Balthasar
3 Diener
3 Räuber
Herodes
Gelehrter
Sternträger
ein oder mehrere Sprecher
beliebig viele Sänger und Sängerinnen, bzw. Chor.

SPIELALTER: 7–12 Jahre

DAS SPIEL: Balthasar sitzt auf einem Stuhl in der Mitte der Bühne. Er hält in der einen Hand ein dickes Buch, in der anderen ein Fernrohr; ist in seine Studien vertieft. Zwei Diener links und rechts postiert, mit Palmwedeln (aus Tonpapier) fächelnd. Die Melodie des Liedes »Wir kommen aus dem Morgenland« wird instrumental von Flöte

mit Gitarrenbegleitung gespielt. (Sopranflöte: die letzten beiden Töne eine Oktave höher spielen!)
Alternativ kann auch orientalische Musik von einer Kassette abgespielt werden. Währenddessen zieht das Kamel in den Zuschauerraum ein, stellt sich dann auf der Bühne auf.

KAMEL: Als weises, altes Dromedar
dien ich dem reichen Balthasar.
Mein Herr ist nicht mehr jung an Jahren,
jedoch in Vielem sehr erfahren.
Bei uns im fernen Orient
ein jeder seinen Namen kennt.
Er ist ein wirklich kluger Mann,
der auch geheime Künste kann.
(Balthasar steht auf, sieht mit dem Fernrohr zum Himmel)
Des Nachts, wenn andre schlafen gehn,
pflegt er den Himmel zu besehn.
Die Sterne dort am Firmament
fast alle er mit Namen kennt.
Doch neulich rief er:

BALTHASAR: Seht nur, seht!
Ein neuer Stern am Himmel steht,
(Balthasar zeigt zum Himmel, Kamel geht etwas zur Seite)
ein Stern, viel heller als die andern!
Man sieht ihn dort am Himmel wandern.
Sein Licht ist unbeschreiblich schön.
Doch leider kann ich nicht verstehn,
wo dieser Stern kommt plötzlich her?
Dies interessiert mich wirklich sehr.
Wer kann mir eine Antwort sagen?
Ich werde meine Freunde fragen:
Den Kaspar, der ist klug und weise.
(winkt dem 1. Diener, Diener tritt vor)

He, Diener, mach dich auf die Reise.
Sattle mein treues Dromedar,
das mir gedient so manches Jahr,
und hol den Kaspar gleich hierher,
und sag ihm, daß es dringend wär.
(1. Diener ab, geht zum Kamel)
Und dich schick ich zu Melchior!
(winkt dem 2. Diener, Diener tritt vor)
Bring bei ihm diese Bitte vor:
Ich lasse höflich nach ihm rufen,
er möge mich recht bald besuchen.
Ein neuer Stern am Himmelszelt
leuchtet hernieder auf die Welt.
Ich brauche dringend seinen Rat,
was all das zu bedeuten hat.
(2. Diener ab, geht zum Kamel, Balthasar ab)

SPRECHER: Die Diener gingen gleich auf Reisen
und kamen zu den beiden Weisen.
(Die beiden Diener drehen mit dem Kamel eine Runde und gehen dann zur gegenüberliegenden Seite, Kaspar und Melchior treten auf.)
Die sagten:

KASPAR: Ja, das ist doch klar!
Wenn unser Freund, der Balthasar,
uns ruft, so sind wir gleich zur Stelle.

MELCHIOR: Auf geht es, sattelt die Kamele!
Wir wollen nicht mehr lang verweilen
und schnell zu unserm Freunde eilen.

LIED: »Wir kommen aus dem Morgenland« *1. Strophe*
(Während des Liedes gehen Kaspar, Melchior und die beiden Diener mit dem Kamel, hintereinander eine Karawane darstellend, im Kreis. Das Kamel wird von einem Diener geführt.)

SPRECHER: Kurz drauf, da war die kleine Schar
versammelt dann bei Balthasar.
(Diener und Kamel treten in den Hintergrund.
Kaspar, Melchior und Balthasar treten vor.)

KASPAR: Man nennt mich Kaspar, den Propheten.
Auch ich sah deutlich den Kometen.
Aus jener großen Sternenschar
(zum Himmel zeigend)
hob er sich ab, ganz hell und klar.
Sogleich forscht ich in alten Schriften,
um das Geheimnis dann zu lüften.
Ihr sollt nun jetzt und hier erfahren,
daß man vor vielen tausend Jahren
schon diesen Stern vorausgesehn.
Ein großes Wunder ist geschehn:
Ein kleines Kindlein kam zur Welt.
Der Stern dort, hoch am Himmelszelt,
zeigt uns den Weg zu jenem Ort
im Land der Juden weit, weit fort.
Kommt, laßt uns auf die Reise gehn,
wir wollen dieses Kindlein sehn!

BALTHASAR: Was ist besondres an dem Kind?
S' wird sein, wie alle Kinder sind.

MELCHIOR: Ich, Melchior, habe viel gelesen,
was einst wird sein und was gewesen.
Das Kindelein ist Gottes Sohn.
Gott selbst hat ihn von seinem Thron
als Heiland in die Welt gesandt.
Er wird auch Friedefürst genannt.
Er soll die Menschen all befrein
von Angst und Not und Schuld und Pein.
Er ist ein König und ein Herr,
nur ihm allein gebührt die Ehr.
Kommt, laßt uns auf die Reise gehn,
um dieses Kindelein zu sehn!

ALLE DREI: Wir sind die weisen dreiPropheten
und woll'n das Kindelein anbeten.

BALTHASAR: Der Stern wird unsre Schritte lenken.

MELCHIOR: Was sollen wir dem Kindlein schenken?

KASPAR: Ich bring ihm Gold zu seiner Ehre,
daß sich sein Reichtum stets vermehre.
(zeigt ein Säckchen mit Goldtalern ›Schokogoldtaler‹)

MELCHIOR: Gott wird im Tempel stets verehrt
mit Weihrauch, wie die Schrift uns lehrt.
Das Kindlein selbst ist Gottes Sohn,
drum kriegt's von mir zu seinem Lohn
kostbaren Weihrauch mitgebracht,
als Zeichen seiner Gottesmacht. *(zeigt ein Gefäß)*

BALTHASAR: Im Land der Juden ist es auch
seit vielen tausend Jahren Brauch,
s' ist eine Sitte, schon uralt:
Ein neuer König wird gesalbt.
Drum schenk ich Myrrhe als ein Zeichen
von Macht und Herrschaft ohnegleichen.
(zeigt ein Gefäß; Kaspar, Melchior und Balthasar gehen zum Kamel und nehmen ihre Position in der Karawane ein.)

SPRECHER: Den Dienern gab man die Befehle,
sogleich zu satteln die Kamele.
Das weise, alte Dromedar
ward ausgewählt aus jener Schar.
Es durfte all die teuren Gaben
für's Kind auf seinem Rücken tragen.
Und als des Nachts der Stern ging auf,
da folgten sie dann seinem Lauf.

LIED: »Wir kommen aus dem Morgenland« *2. Strophe*
(Spielszene vergl. 1.Str. Balthasar, der 3. Diener und der Sternträger kommen hinzu. Letzterer geht voraus.)

SPRECHER: So ging's von nun an Nacht für Nacht.
(Karawane bewegt sich langsam weiter)
Sobald der Stern dort ward erwacht,
da ging die Reise dann stets weiter
mit Mann und Troß, Kamel und Reiter.
Doch horch, was lauert dort im Sande,
ist das am End' 'ne Räuberbande!

1. Räuber: *(springt vor)*
Seht nur, dort ziehen reiche Leute,
das gibt bestimmt 'ne fette Beute!

2. Räuber: *(2. und 3. Räuber kommen hinzu.)*
Da, das Kamel ist schwer beladen
mit Schätzen und mit teuren Gaben!

3. Räuber: Wir schnappen es als unsern Raub
und machen uns dann aus dem Staub.
(Räuber schleichen zum Kamel, machen sich dort zu schaffen.)

Kamel: *(bleibt stehen; Auch die anderen Darsteller bleiben stehen, treten jedoch mehr in den Hintergrund.)*
Zu Hilfe, helft mir doch, oh Schande,
ich werd entführt von einer Bande!
Die Schätze, nein, es darf nicht sein,
sind eigens für das Kindelein.
Helft mir, dem armen Dromedar,
ich bin in äußerster Gefahr!

Sprecher: Und alarmiert von dem Geschrei,
eilten die Diener schnell herbei.
(1., 2., 3.Diener treten vor, jeder der drei Diener packt einen Räuber im Genick.)

1. Diener: Gebt sofort das Kamel heraus,
sonst prügeln wir euch tüchtig aus!

2. Diener: Was fällt euch ein, ihr drei Halunken,
von Anstand habt ihr keinen Funken!

3. Diener: Ihr unverschämten, frechen Diebe,
von mir bekommt ihr kräft'ge Hiebe!

Sprecher: Sie schleppten dann die Räuberschar
zu Kaspar, Melchior, Balthasar.
(Kaspar, Melchior und Balthasar treten vor, stehen drohend vor den Räubern. Die 3 Diener ab.)

Kaspar: Es ist doch wirklich eine Schande,
was sich so rumtreibt hierzulande.

Melchior: Habt ihr denn nicht den Stern gesehn,
dem wir des Nachts engegengehn?

Balthasar: Ein Königssohn ist dort geboren,
von Gott zum Heiland auserkoren.
Ihr solltet euch doch wirklich schämen,
dem Kind die Schätze wegzunehmen.

Alle Drei: Wir sind die weisen drei Propheten
und wolln das Kindelein anbeten.

1. Räuber: Wir wissen nichts von einem König,
dies kümmert uns auch reichlich wenig.

2. Räuber: *(nachdenklich sprechend)*
Doch, wenn es stimmt, was ihr erzählt,
daß dieses Kind ist auserwählt,
so laßt uns bitte mit euch ziehn,
auch wir woll'n vor dem Kindlein knien

3. Räuber: und bitten, daß es uns verzeiht,
von ganzem Herzen tut's uns leid.

Lied: »Wir kommen aus dem Morgenland« *3. Strophe*
(Spielszene s.oben. Die drei Räuber kommen hinzu.)

Sprecher: Die Karawane zog dahin,
(Karawane bewegt sich langsam weiter)
wenn in der Nacht der Stern erschien.
Auf einmal sah man viele Lichter,
und Freude trat in die Gesichter.

Kaspar: *(bleibt stehn und zeigt in eine Richtung)*
Dort liegt die Stadt Jerusalem!
Laßt uns zu dem Palaste gehn.

Sprecher: Und weiter zog der ganze Troß
bis hin zum königlichen Schloß.
Der König ließ die Weisen ein,
(Herodes erscheint. Kaspar, Melchior und Balthasar treten vor, stehen vor dem König und verneigen sich.)
doch wußt er nichts vom Kindelein.
Die Nachricht hat ihn sehr erstaunt,
deswegen rief er schlecht gelaunt:

Herodes: Ich bin der mächtige Herodes,
wer nicht gehorcht, der ist des Todes!

Ein König, wo soll der denn sein?
Ich bin der König, ganz allein!

SPRECHER: Er ließ die Schriftgelehrten kommen,
die Wissenschaftler und die Frommen.
(Gelehrter tritt vor, verneigt sich)

HERODES: *(wendet sich an den Gelehrten)*
Komm her, du kennst doch das Gesetz!
Ist etwas dran an dem Geschwätz?
Kannst du mir eine Antwort geben,
wo dieser König hier soll leben?

GELEHRTER: Als kluger Mann kam mir zu Ohren,
daß einst ein König wird geboren
im kleinen Städtchen Bethlehem.
Dort wird ein Stern am Himmel stehn.
(verneigt sich, ab)

SPRECHER: Des Königs Rede klang vermeintlich
auf einmal, wie es schien, ganz freundlich.

HERODES: *(wendet sich wieder Kaspar, Melchior und Balthasar zu)*
Ihr habt's gehört, ihr edlen Weisen,
ihr müßt noch ein Stück weiterreisen.
Wenn ihr gefunden habt das Kind,
so kommt zurück zu mir geschwind.
Auch ich will dann das Kind verehren,
dies ist mein sehnlichstes Begehren.
(Kaspar, Melchior und Balthasar verneigen sich. Herodes ab)

SPRECHER: Dies war natürlich nur ein Trick.
Die Miene und der böse Blick
straften den König freche Lügen.
Er wollt die Weisen nur betrügen.
Drum machten sie sich schnellstens fort
von diesem unheilvollen Ort
und kehrten niemals mehr, zum Glück,
zu diesem König je zurück.

LIED: »Wir kommen aus dem Morgenland« *4. Strophe.*
(Spielszene s. oben)

SPRECHER: Über'm Städtchen Bethlehem
blieb der Stern dann plötzlich stehn.
(Sternträger stellt sich in die hintere Mitte.)
Er leuchtete zum letzten Mal
auf einen halb verfall'nen Stall.
Und als die Weisen traten ein,
da fanden sie das Kindelein
in einer Futterkrippe liegen.
Die Mutter tat das Kindlein wiegen.
Das Kindlein fror und war so arm,
den Weisen wurd's im Herzen warm.
(Alle knien im Halbkreis um eine Krippe.)

ALLE DREI: Nimm, liebes Kindlein, unsre Gaben,
du sollst sie gern zu eigen haben.
(Kaspar, Melchior und Balthasar legen ihre Geschenke an die Krippe.)
Wir sind die weisen drei Propheten
und wollen dich, oh Kind, anbeten.

SPRECHER: Es durften alle, die da waren,
die Liebe Gottes neu erfahren.
Und auch den Räubern wurd vergeben,
auf allen ruhte Gottes Segen.

KAMEL: *(tritt etwas hervor)*
Mein Kind, ich durfte mit den Gaben
bis hin zu deiner Krippe traben.
Wenn du einst groß bist, edler König,
so denk doch manchmal auch ein wenig
ans alte, weise Dromedar
von Kaspar, Melchior, Balthasar.
(Das Kamel verläßt unter Instrumentalmusik (siehe Beginn) langsam den Zuschauerraum, so lange bleiben alle Darsteller kniend sitzen. Der Refrain wird am Schluß von allen Kindern nochmals gesungen.)

Wir kommen aus dem Morgenland

2. Wir kommen aus dem Morgenland
und reiten durch den Wüstensand.
Die Karawane ziehet fort
an einen unbekannten Ort.
Wir folgen immer dem Komet.
Er zeigt, wohin die Reise geht.
Kaspar, Melchior, Balthasar
sind beinah schon hundert Jahr.
Ihre Weisheit ist bekannt,
weit über's ganze Land.

3. Wir kommen aus dem Morgenland
und reiten durch den Wüstensand.
Der Weg ist weit, der Weg ist lang,
und manchmal wird uns richtig bang.
Doch dann, der Stern mit seinem Licht,
gibt uns von neuem Zuversicht.
Kaspar, Melchior, …

4. Wir kommen aus dem Morgenland
und zogen durch den Wüstensand.
Der Stern führt uns nach Bethlehem.
Dort werden wir das Kindlein sehn.
Wir folgen einfach seinem Schein.
Er läßt auch jetzt uns nicht allein.
Kaspar, Melchior, …

Annemarie Wolf

Tips zur Kostümierung

Die Tiermasken und Bühnenbilder lassen sich leicht aus Pappe und Kartons herstellen. Mit Plaka- oder Dispersionsfarben sind sie schnell und schön bemalt.

4 Sterne

Stirnband mit Stern aus Goldfolie.
Altes weißes Herrenhemd.
(Ärmel kürzen.)

Weihnachtsstern

Wie 4 Sterne. Zusätzlich Stern zum Tragen

Kinder aus aller Welt

Landestrachten.
Vielleicht in Form von Fasnachtskostümen vorhanden.

Bühnenbild:

Alte Umzugskartons mit Dispersionsfarbe anmalen. Geht schnell und macht Spaß.
Eventuelle Gasthausschilder aus Pappe aufkleben.

Blauer oder schwarzer Mantel oder Umhang
Dunkle Mütze oder Uniformmütze
Wichtig: Laterne!

Schwarzes Schaf

Stirnband aus Synthetikfell oder Pappe

Ohren aus Fell oder Pappe antackern

Dicker Wollpulli oder Fellwesten in dunkler Farbe. Fell oder Wollhandschuhe

Esel

Mütze oder Stirnband mit Pappohren.
(Siehe Nr. 2)

Ziegenbock

Bart für Ziegenbock
Gummiband mit Wollresten oder Synthetikfell

Stirnband mit Papphörnern

Zur Vervollständigung der Tiermasken ist ein bißchen Theaterschminke hilfreich. Weiß für Schafe, grau oder dunkel für Esel.

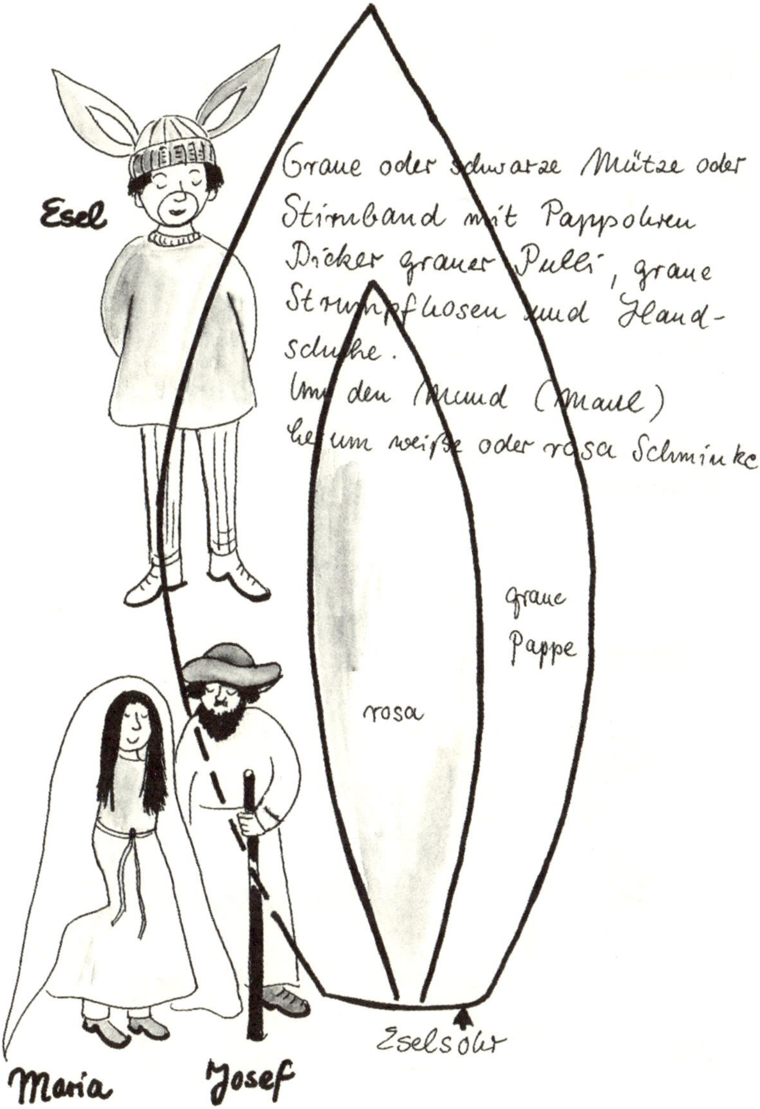
Esel
Graue oder schwarze Mütze oder
Stirnband mit Pappohren
Dicker grauer Pulli, graue
Strumpfhosen und Hand-
schuhe.
Um den Mund (Maul)
herum weiße oder rosa Schminke
graue
Pappe
rosa
Eselsohr
Maria
Josef

Tanz der Hirten am Feuer

Hirten Dicke Wollpullover, Fellwesten, alte Hüte oder Ähnliches

Feuer Streifen aus Kreppapier (gelb und rot), die beim Tanzen geschwungen werden.

Schafe (Siehe Nr. 5)

Die bewährte Tiermaske:

Kamel  Mütze mit Kamelohren aus Fell oder Pappe

Das Kamel wird von zwei Kindern gespielt, die unter einer Kamelhaardecke stecken. Das hintere Kind sollte kleiner sein als das vordere. Sein Kopf stellt den Kamelhöcker dar. Der Hinterleib wird durch ein paar Kissen, die man dem Kind umbindet angedeutet. Das vordere Kind trägt die Mütze mit den Kamelohren. Man kann die Ohren aber auch direkt an die Decke nähen.

Die Weisen können farbenprächtig mit Tüchern und Turbanen und eventuell mit Kronen aus Goldpapier ausstaffiert werden.

Quellenverzeichnis

Die Spiele von Heriburg Laarmann entstammen ihren Büchern »Mit Zeichen und Symbolen«, »Bilder erzählen von Gott« und »Leben voller Überraschungen« (alle Verlag Herder, Freiburg).

Die Stücke von Annemarie Wolf und die Bastelanleitungen erschienen zuerst in Annemarie Wolf, »Komm doch mit nach Bethlehem« (Verlag Herder, Freiburg).

»Die Drei Hirten« aus Lene Mayer-Skumanz, »Dr Stern« (Verlag Herder, Wien).

»Hirtenkinder« aus Albert Höntges, »Freude an Gott« (Verlag Herder, Freiburg).

Texte und Melodie der Lieder: A.Wolf

Kerstin Kuppig
Basteln Religion
Werkstattbuch für Kindergarten – Schule – Gemeindekatechese
160 Seiten, Paperback – ISBN 3-451-23057-7

Dieses praktische, didaktisch durchdachte Werkbuch bietet vielseitig einsetzbare Ideen und Anleitungen für schöpferisches, aktives und fächerübergreifendes Lernen in Schule, Kindergarten, Familie und Gruppenstunde. – Eine Einladung zur lebendigen Gestaltung kreativer, ganzheitlicher Glaubensvermittlung.

Kerstin Kuppig
Das Weihnachts-Mitmachbuch
für Familien, für Gruppen und Gemeinden
160 Seiten, Paperback – ISBN 3-451-26420-X

Lesen allein genügt nicht – bei diesen Weihnachtsgeschichten und -gedichten muß man einfach »mitmachen«: Kerstin Kuppig gibt vielfältige Impulse, die Erzählungen über das Lesen oder Vorlesen hinaus weiterzuführen und zu vertiefen. Ob frei vorgetragen, mit Zeichnungen angereichert und weiterentwickelt oder mit Bastelvorschlägen nachgestaltet – allen methodischen Anregungen gemeinsam ist der kreative Umgang mit den Texten. Das Geschichtenbuch zur Weihnachtszeit – zum Mitmachen, Miterleben und Mitfeiern.

Max Bolliger
Der Weihnachtsengel auf dem Seil
Durchgehend 4-farbig illustriert von Doris Baumann
32 Seiten, gebunden – ISBN 3-451-26110-3

Ein herrlich anmutiges Märchen zur Weihnachtszeit, liebevoll illustriert und einfühlsam erzählt. Eine wunderbare Geschichte für kleine und große Leser.

Max Bolliger
Der Weihnachtsnarr
Drei Weihnachtslegenden für Kinder und Erwachsene
48 Seiten, 15 mehrf. Abbildungen von Bruno Bischofberger, gebunden
ISBN 3-451-21543-8

Eine Neuausgabe der bereits klassischen Weihnachtslegenden des großen Erzählers Max Bolliger. Hier wird die tiefe Sehnsucht des Menschen nach Weihnachten sichtbar, die Überraschung vollkommen, das Wunder – im Menschen – zum Ereignis.

Barbara Cratzius
Der Weihnachtswolf
Eine Legende zur Heiligen Nacht
32 Seiten, durchg. farbig illustriert von Sabine Dreyer-Engels, gebunden
ISBN 3-451-26237-1

Einfallsreich und liebevoll erzählt die bekannte Autorin Barbara Cratzius die Weihnachtsgeschichte aus der ungewöhnlichen Sicht des Wolfes Lupus. Die Illustratonen von Sabinbe Dreyer-Engels regen die Phantasie der jungen Leser an und laden zu einer spannenden Entdeckungsreise ein

Wolfgang Gies (Hrsg.)
Macht hoch die Tür
Ein Weihnachtslesebuch für Eltern und Kinder
160 Seiten, 5 farbige und 16 s/w Illustrationen von Corina Hug,
gebunden – ISBN 3-451-23441-6

Fünfzig Geschichten für die Advents- und Weihnachtszeit, zum Vorlesen und Selberlesen. Texte bekannter Autoren wie Oscar Wilde, Erich Jooß u.a. spüren auf einfühlsame, mitreißende Weise dem tieferen Sinn von Advent und Weihnachten nach.

Manuela Treitmeier
Mein Adventskalenderbuch
Der heilige Franziskus und die erste Krippe
Mit Illustrationen von Betina Gotzen-Beek
72 Seiten, gebunden
ISBN 3-451-26424-2

Stimmungsvoll illustriert und kindgerecht erzählt, berichten die Geschichten, wie Franziskus auf die Idee kam, eine lebendige Inszenierung der »Heiligen Nacht« aufzuführen, warum er Ochs und Esel zur Krippe stellte, welche Rolle die Hirten und Engel spielen und vieles mehr. Eine bezaubernde Geschichtensammlung für alle, die sich mit Kindern auf den Weg zur Krippe machen wollen.

Barbara Cratzius / Mary Rahn
Wohin fliegst du, kleiner Engel?
Eine Weihnachtsgeschichte
24 Seiten, gebunden
ISBN 3-451-23398-3

Es ist Weihnachten, die Bescherung – wieder einmal – vorbei, und die Weihnachtsengel treten die Rückreise an. Nur der kleine Mischa hat auch in diesem Jahr kein Weihnachtsgeschenk bekommen. Doch der Engel Gabriel hat den armen Mischa nicht vergessen ... Eine zauberhafte Weihnachtsgeschichte aus dem Osten Europas aus der Feder der beliebten Autorin Barbara Cratzius.

Verlag Herder